本论文集得到"旅游管理国家级特色专业"项目资助

GUOJIHUA LÜYOU ZHIYE JINGLIREN PEIYANG MOSHI

国际化旅游职业经理人培养模式

——旅游管理国家级特色专业论文集

—— LÜYOU GUANLI GUOJIAJI TESE ZHUANYE LUNWENJI

邹统钎　主编

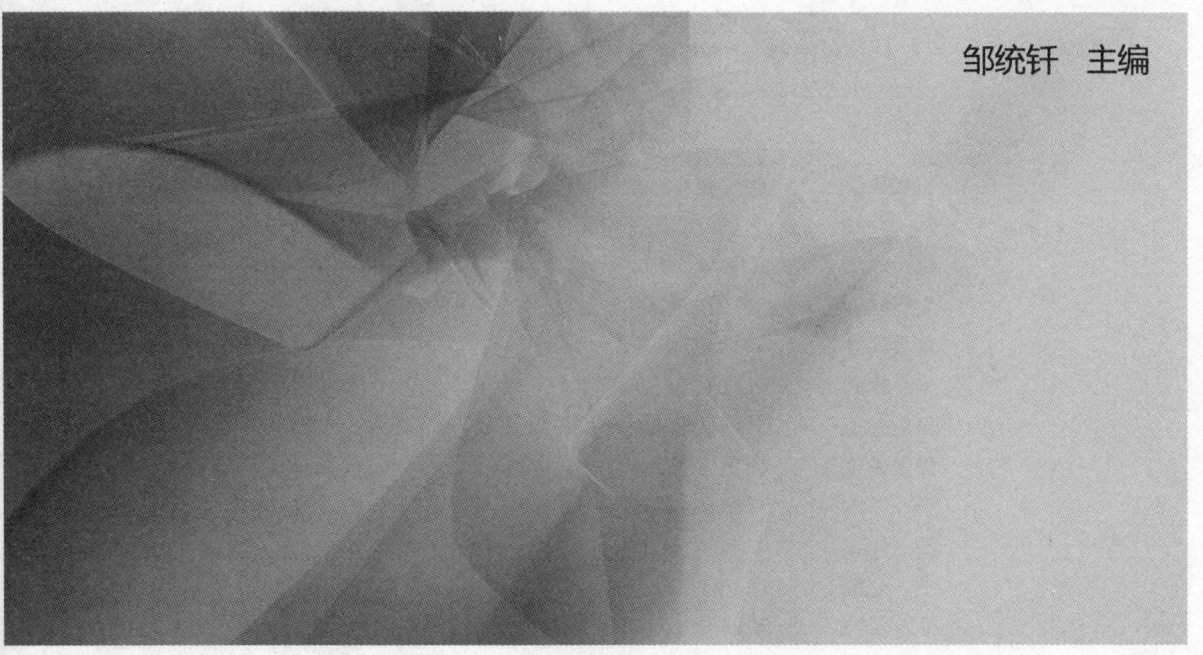

北京·旅游教育出版社

责任编辑：巨瑛梅

图书在版编目（CIP）数据

国际化旅游职业经理人培养模式：旅游管理国家级特色专业论文集/邹统钎主编. —— 北京：旅游教育出版社，2013.1

ISBN 978-7-5637-2551-9

Ⅰ.①国… Ⅱ.①邹… Ⅲ.①旅游经济—经济管理—文集 Ⅳ.①F590-53

中国版本图书馆 CIP 数据核字（2013）第 018503 号

国际化旅游职业经理人培养模式
——旅游管理国家级特色专业论文集

邹统钎　主编

出版单位	旅游教育出版社
地　　址	北京市朝阳区定福庄南里1号
邮　　编	100024
发行电话	(010)65778403 65728372 65767462(传真)
本社网址	www.tepcb.com
E - mail	tepfx@163.com
印刷单位	北京甜水彩色印刷有限公司
经销单位	新华书店
开　　本	787mm×1092mm　1/16
印　　张	9
字　　数	180 千字
版　　次	2013年1月第1版
印　　次	2013年1月第1次印刷
定　　价	32.00元

（图书如有装订差错请与发行部联系）

目 录

一、人才培养模式篇

旅游职业经理人"135"培养模式研究 ········· 2
    前言 ········· 2
    一、旅游职业经理人概念界定 ········· 3
    二、旅游职业经理人应具备的能力 ········· 3
    三、旅游职业经理人培养支撑体系 ········· 4
    四、旅游职业经理人"135"培养模式 ········· 6

旅游职业经理人 4E 培养模式研究 ········· 8
    引言 ········· 8
    一、旅游职业经理人概念及构成要素 ········· 8
    二、旅游高校人才流失原因剖析 ········· 9
    三、基于 4E 视角的旅游职业经理人培养轮模型 ········· 10
    四、基于 4E 模式的培养对策建议 ········· 11

国际化视野下旅游管理专业人才培养模式的探索 ········· 14
    一、国际视域的职业人才培养定位 ········· 14
    二、国际化的学生来源和高校合作模式 ········· 15
    三、国际化的高端学生活动平台 ········· 15
    四、国际化的课程体系设置 ········· 15
    五、提高国际化旅游人才培养质量的建议 ········· 16
    六、结语 ········· 17

强调自主行为参与和知识转移的职业经理人培养模式 ········· 18
    一、引言 ········· 18
    二、在职业经理人的培养过程中注重学生自主行为教学方法的运用 ········· 18
    三、在职业经理人培养过程中注重学生知识的转移 ········· 21
    四、结论 ········· 22

应用型饭店人才校企合作培养模式创新研究 …… 24
一、应用型饭店人才校企合作培养现状 …… 24
二、应用型饭店人才校企合作培养存在的问题 …… 25
三、应用型饭店人才培养模式创新研究 …… 27

本科阶段旅游人才培养定位研究 …… 30
一、引言 …… 30
二、文献综述 …… 32
三、本科阶段旅游人才定位的发展历程 …… 33
四、本科阶段旅游教育定位研究 …… 34
五、建议与对策 …… 36

旅游景区职业经理人能力素质模型的构建 …… 40
一、引言 …… 40
二、旅游景区职业经理人概念界定 …… 41
三、能力素质基础模型 …… 41
四、旅游景区职业经理人能力素质模型 …… 41
五、结语 …… 45

高校拔尖创新人才培养模式研究 …… 46
一、拔尖创新人才概念和特征界定 …… 46
二、拔尖创新人才培养模式文献回顾 …… 47
三、中外拔尖创新人才培养模式的比较 …… 47
四、北京拔尖创新人才培养模式的建议 …… 52

二、经验借鉴篇

欧美旅游人才培养新理念与旅游教学新方法 …… 56
一、欧美旅游业人才需求与建设现状 …… 56
二、欧美旅游人才培养与教学理念 …… 57
三、欧美旅游人才培养与教学模式 …… 57
四、欧美旅游人才培养与教学方法 …… 58

国外会展专业课程设置及其启示 …… 63
一、概念界定和文献综述 …… 63
二、国外会展专业课程设置 …… 65
三、我国会展经济与管理专业课程设置 …… 68
四、建议 …… 70

中外管理类人才培养模式及实践经验探讨 ... 73
　　一、背景介绍 ... 73
　　二、国内研究基础 ... 73
　　三、实践借鉴 ... 76
　　四、对我国管理类人才培养的启示 ... 78

旅游职业经理人入学制度比较研究 ... 80
　　一、中国大陆入学制度 ... 80
　　二、境外入学制度 ... 82
　　三、中国大陆对比研究及经验启示 ... 83

三、教育教学方法篇

信息化环境下对高等院校旅游管理专业课程拓宽的思考 ... 88
　　一、信息技术的发展与应用对旅游业的巨大推动 ... 88
　　二、高等院校旅游管理专业的课程设置现状 ... 89
　　三、对信息化环境下旅游管理专业课程拓宽的思考 ... 90

《节庆策划》课程问题导向式案例教学法探讨 ... 92
　　一、什么是PBL和案例教学法 ... 92
　　二、问题导向案例教学法之于节庆策划教学的作用 ... 93
　　三、节庆策划课程教学模式的理论框架 ... 93
　　四、节庆策划PBL教学法的实施 ... 94

国际化旅游管理人才培养视域下的学生课外活动体系重构 ... 98
　　一、国际化旅游管理人才素养分析 ... 98
　　二、基于国际化旅游管理人才培养目标的学生课外活动体系的建立 ... 100
　　三、新型学生课外活动体系特点及实际效果分析 ... 101

教学管理中班导师制的实践与思考 ... 102
　　一、实行班导师制的重要意义 ... 102
　　二、班导师工作的主要任务 ... 103
　　三、实行班导师制应避免的问题和适用方式 ... 104

外请讲座存在的问题及其改进策略 ... 106
　　一、引言 ... 106
　　二、外请讲座是大学教育的第二课堂 ... 106
　　三、外请讲座现状与问题调查 ... 107

四、未来外请讲座需要考虑和解决的问题 ……………………………………… 111
　　五、小结 ……………………………………………………………………………… 116

现代旅游职业经理人法律素质的培养 ……………………………………………… 117
　　一、市场经济背景下的职业经理人 ………………………………………………… 117
　　二、现代旅游职业经理人法律素质的培养 ………………………………………… 118
　　三、现代旅游职业经理人法律素质培养模式的构建 ……………………………… 120

MBA 案例教学及其循证思想 ………………………………………………………… 127
　　一、MBA 案例教学的重要性 ………………………………………………………… 127
　　二、案例教学的沿革、概念及评价 ………………………………………………… 128
　　三、案例教学的哲学基础——循证思想 …………………………………………… 129
　　四、循证思想对中国 MBA 案例教学的启示 ……………………………………… 130

我国旅游职业教育实践教学环节发展策略浅析
　　——基于对 CBE 模式、"双元制"模式与 TAFE 模式的分析 …………………… 133
　　一、我国旅游职业教育实践教学的现状 …………………………………………… 133
　　二、国外职业教育人才培养模式中的实践教学特色 ……………………………… 134
　　三、对我国旅游职业教育实践性教学环节的启示 ………………………………… 135

后　记 ………………………………………………………………………………… 138

一、人才培养模式篇

旅游职业经理人"135"培养模式研究

邹统钎　吴琼瑶

【摘　要】 时代的发展对旅游职业经理人的培养提出了更高的要求。本文提出了旅游职业经理人的"135"培养模式，即确立旅游职业经理人的培养目标，确定旅游职业经理人应具备的三个条件，并建立五大支撑体系：模块化的课程体系、"2+1+1"的培养方式、"国际化"教学方法、"双师型"师资体系、"超市型"实践方式，以促进高校对旅游职业经理人的创新培养，开创人才培养的新局面。

【关键词】 旅游职业经理人；"135"培养模式

前言

改革开放以来，我国旅游业快速发展，产业规模不断扩大，对国民经济的贡献日益显著。日益增长的大众化、多样化消费需求为旅游业发展提供了新的机遇，对旅游企事业单位的经营管理提出了更高的要求。

2009年4月，国家旅游局颁布《全国旅游标准化发展规划（2009—2015）》，这是我国旅游业首次制定的旅游标准化建设规划。作为推动旅游标准化发展的纲领性文件，规划提出，要通过大力实施旅游标准化引领战略，建立适应我国旅游业发展的旅游标准化管理体制与工作机制，形成较为完善的旅游标准体系，从而促进旅游服务质量、管理水平和产业竞争力的全面提高，形成建设世界旅游强国的技术支撑和保障体系。为推进旅游人才队伍建设，规范其资格标准，2009年9月，国家旅游局正式委托南京旅游职业学院，制定《旅游行业职业经理人标准》，包括《旅游酒店职业经理人标准》、《旅行社职业经理人标准》、《旅游景区/点职业经理人标准》三个部分。

2009年12月1日，《国务院关于加快发展旅游业的意见》提出，"建立和完善旅游职业资格和职称制度……培育职业经理人市场"，加速与国际职业资格标准接轨，积极推动我国旅游职业经理人队伍整体水平的提升。根据国家旅游局公报，2008年度，全行业在职人员培训总量达338.28万人次，但由于缺乏与国际惯例接轨的旅游职业经理人认证考试及培训体系，中国旅游从业人员的培训往往流于形式，真正的旅游职业经理人在数量和质量上都不能满足旅游业要求。面对前所未有的旅游发展机遇和旅游职业经理人才匮乏的矛盾，旅游教育理当顺应旅游发展的大趋势，致力于旅游职业经理人队伍的培养和塑造。

---

① 本研究得到"旅游管理国家级特色专业"项目资助。

一、旅游职业经理人概念界定

对职业经理人的概念目前已有成熟的界定,管理学家彼得·德鲁克认为,职业经理人是指拥有卓越的管理能力而缺乏资本,以企业的经营管理为职业,能合理地配置企业的内外各种资源,能实现企业经营目标而工作的受薪人员。对旅游职业经理人的概念,张青指出,旅游职业经理人是以自己的管理专长从事旅游行业经理管理的人员。笔者认为,旅游职业经理人,是指以旅游企业经营管理为职业,熟练应用企业内外各种资源,为实现企业经营目标,担任一定管理职务的受薪人员。

二、旅游职业经理人应具备的能力

旅游业职业经理人后备人才应具有优良的综合素质和发展潜质,其综合素质主要包括道德品格、文化素养、旅游职业能力。其中,教育背景、工作经验、国际视野、合作协调能力、创造力和预见力、性格个性和领导力等特质构成其核心竞争力。概括来说,这些核心竞争力可以分为以下三种。

1. 优秀品质+健康身心

优秀的旅游职业经理人必须具有优秀的个性品质和健康的身心。首先应该具有理智的从业态度和投资融资意识,不能盲目追求;其次,应该具有高尚的职业道德和社会公德,必须正确对待"三大效益"的高度统一问题,正确面对环境保护、公共卫生、社会秩序等问题,对企业投资者负责、对员工负责、对消费者负责、对社会负责、对行业负责。此外,旅游职业经理人还需要有健康乐观的身心条件。旅游职业经理人从事的是一项复杂的劳动,它需要支出比一般劳动多出数倍的体力和智力。这就要求旅游职业经理人有良好的身体素质和心理素质,能面对外部环境变化和不确定性环境,有心理承受能力,能经受各种突发事件、各种困难挫折,意志坚强,冷静处事,应变自如,临危不乱。一个成功的旅游职业经理人必须具有宽容和忍耐的心态,必须知人善用、兼容并包、追求卓越、进取创新。只有这样,旅游职业经理人才能团结企业内外的力量,将企业的发展达到一个更新的境界。所有的这些,都是旅游职业经理人高尚人格魅力的集中体现。

2. 专业知识+业务能力

旅游职业经理人必须具备必要的业务能力,以驾驭现代旅游企业,这是一个旅游职业经理人素质结构和专业知识结构的综合表现。也就是说,广博的专业知识和全面的知识结构是旅游职业经理人各种业务能力的基础。因此,一个优秀的旅游职业经理人必须具有较为完整的专业知识结构和广博的专业知识。现代旅游企业的发展对旅游职业经理人提出了很高的知识素质要求。现代旅游要求旅游职业经理人能根据市场环境和企业内部特点随机而变,企业只有在应变之中造就有利的形势,才能处于主动地位,保持优势。可见,作为高层的企业决策者和经营者,旅游职业经理人只有具备精湛的业务能力,才能经营和驾驭旅游企业,并根据企业外部经营环境和内部经营形势的变化,适时和正确地作出各种战略性经营决策,运筹帷幄。

3. 管理意识+领导艺术

现代旅游企业的发展要求旅游职业经理人首先应树立市场观念——以市场为导向,为市场提供服务,向市场要效益。其次要树立服务观念。旅游职业经理人要从传统的管理观念中转变过来,明白作为一个管理者,其本身也是一个服务者,不仅要为市场服务,同时也要服务于企业和员工。此外,作为一个优秀的旅游职业经理人,还应具备诚信意识、风险意识、领导意识、团队意识、全球意识、人才意识。这些都是现代市场经济对旅游职业经理人的观念要求。旅游职业经理人科学的领导艺术主要体现在用人艺术、授权艺术、沟通艺术和激励艺术等许多方面。旅游职业经理人要因事择人、因岗择人,要坚持德才兼备、任人唯贤。管理者的知识、信息、时间和体能是有限的,因此,授权势在必行。影响授权的因素主要是企业规模和决策的重要性。规模越大,决策权越重,就越需要授权;越是重要的经营工作,授权就越是要慎重。授权的艺术性表现在赋予下属的权限和责任范围的恰当性,并且建立反馈和控制机制,以保证经营任务的完成。激励艺术是旅游职业经理人的重要领导艺术,表现在如何根据时间、地点和人员的不同来选择不同的激励手段。管理人员应注意工作的丰富化,不使人感到枯燥,时时保持对工作的激情。

三、旅游职业经理人培养支撑体系

1. "模块化"课程体系

为了培养具有广博的专业知识和精湛的业务能力、具有优秀的个性品质和健康身心、具有现代企业经营管理意识和科学的企业领导艺术的旅游职业经理人,在课程体系的设置上,应该摆脱传统的"三层楼"(公共基础课、专业基础课、专业课)式的课程体系,借鉴国际经验,推出"模块化"的课程体系,以培养学生成为旅游职业经理人所需要的各种能力。

按本科生的学年周期,把旅游管理专业教学课程体系设计为三个模块:第一模块是借助学校教学平台,培养学生专业兴趣的基础课程;第二模块是站在工商管理学科的平台上,设置工商管理学科基础理论课程;第三个模块是设置培养复合型人才的素质课程模块,也是我们设置的专业教学课程群。专业教学课程群包括三个子模块:第一个模块是培养旅游管理专业的专业理论基础知识的课程;第二个模块是培养旅游管理专业应用技能的课程模块;第三个模块是培养学生的旅游管理专业应用理论课程群,主要根据旅游行业内的职业就业的导向又设置了三个细模块:景区管理方向课程模块、酒店管理方向课程模块、国际旅游方向课程模块。该模块化课程设置充分体现"旅游学为本,经济学为纲,管理学为用"的课程知识体系,较好地体现"宽口径、厚基础"的本科教育的人才培养目标。

2. "2+1+1"培养方式

借鉴国内的创新实验班以及国外很多大学在创新人才的培养上采用的以"2+2"的大类通识教育加个性化专业教育模式:前两年集中进行"精"、"深"的基础知识教育,让学生打下扎实的学科基础知识;后两年分流后实施个性化的核心课程和科研训练相结合的专业教育,以训练学生的实践能力和科研素养。旅游职业经理人的培养也可以采用"2+1+1"的模式,前两年进行基础知识教育,主要学习基础模块课程;第三年实施个性化的专业教育,学习旅游专业核心模块课程,拓展学生的专业知识;第四年主要以毕业论文设计和产业实践为主,提高学生作为职业经理人应具备的实践能力。

3. "双师型"师资体系

师资是高等教育提升核心竞争力和实现可持续发展的关键,创新型师资是深化教学改革和培养创新人才的决定力量。应用型旅游本科教育的师资需要具备理论拓展、技术实现、实践应用、组织协调、创新创业等综合素质。应利用产学研合作教育资源,形成面向市场的师资培养和配置体制,把师资建设的重点放在理论功底和实践经验兼备、教师素质和职业经理人素质复合的"双师型"师资队伍建设上。在专职教师方面,实行教师赴企业兼职制度化,规定教师必须具有企业经营管理一线背景,提倡教师取得职业经理人等资质、参加职业资格认证培训和考评、参与地方经济社会发展研究课题,并将上述工作直接与教师工作量和职称评聘挂钩。在兼职教师方面,实行职业经理人来校兼职制度化,规定主讲教师中来自企业一线人员的比例及授课学时,反映产业发展前沿的教学内容主要由兼职教师讲授,逐步在新生教育、课堂教学、实验实习、毕业论文、就业指导等全过程引入兼职教师。

4."国际化"教学方法

无论是美国的康奈尔大学还是瑞士的洛桑酒店管理学院,国际上知名的旅游院校在旅游人才的培养上都强调要采用基于问题的、探究式的教学模式,通过研讨课造就师生互动、自由讨论的课堂气氛。这种方式架设了学生与教师沟通的桥梁,培养了学生沟通交流、互助协作的团队精神,提高了学生的综合素质。而基于这种教学模式,可以学习国外先进的教学方法,如案例教学法、头脑风暴法、问题导向法等,把学生从被动接受者的地位中解放出来,让学生自己成为知识的发现者、探索者,然后在老师引导下通过讨论、辩论不断深入,在这个过程当中,大家去寻求解决实际问题的思路,从而通过引导把学生的能力、思维方式提高起来。

理论教学应坚持启发式方法,从学生实际出发,以调动其学习积极性和主动性,指导学生自我学习。案例教学是启发式教学的一种有效载体。现代工商管理案例教学是在教师指导下,通过案例再现特定的管理情景,组织学生进行分析和决策,充分激发学生能动行为的互动式教学过程。其核心是促使学生进入模拟的管理实践,建立仿真的管理感受,目的是丰富学生的背景知识和实践经验,培养学生的分析能力和决策能力,适应以职业经理人作为培养目标导向的旅游本科教育的要求。

5."超市型"实践方式

为了实现实践教学从传统的以教师授予为主的技能训练式"经验型"教学,向以学生发展为本的全面综合式"体验型"教学转变,真正锻炼学生成为职业经理人应具备的实践能力,可供自主选择的"超市型"实践方式是一种很好的选择。目前,旅游实践超市的方式主要有以下三种。

①学生自主型模式——创新与体验相结合。实践实训实行企业化项目运作的方式,学生可以完全自主地参与、运作实践,在实践中可以充分创新并获得体验。这种实践方式把实践当作项目来运行,每一个项目都由一名学生担任项目负责人,项目负责人由学生相互推荐或自荐。与实习基地、旅游企业之间的实践洽谈、合作均由项目负责人去进行,洽谈成功后由该项目的负责人组织其他学生参与实践并对实践的过程进行控制。在实践的过程中,企业对学生的培训和对其实践过程的评价对实践的质量起到了监控的作用,学生在这种实践模式中实现了自主运作、自主参与和自主优化,创新与体验兼备。这种模式充分锻炼了学生成为旅游职业经理人的行为能力和道德能力。

②导师引导—学生自助型模式——探索与研究相结合。多数院校的野外实习或综合实践往往是由指导教师将实习的准备工作做好后,布置作业给学生,再带学生去指定地点实习,实习效果并不显著。导师引导—学生自助的实践模式让导师的"指导性授予"和学生的"主动性学习"同时实现。实习的路线由导师拟出数条供学生选择,线路由学生自己选定,选定后再由导师设计教学计划,学生参与资料准备、线路报价、与旅行社接洽甚至出任全陪导游员,所有工

作全部由学生承担。这种模式要求将教学计划、内容有机融入学生自助的实践过程中,结合旅游饭店、旅游景区和旅行社等各领域对职业经理人的需求设计多个实践专题,让学生自由选择,带着问题在实践中进行调研,理论融入实践的同时促使学生对问题进行研究、对管理的机理进行探讨。这种实践模式充分锻炼了学生成为职业经理人的思维能力和行为能力。

③考核牵引模式——生产与实践相结合。如前所述,实践的过程是开放的、可选的,如何实现实践效果最优化,考核机制极其重要。传统的实践考核方式主要通过实习报告或对技能操作进行打分来实现,考核内容不全面,手段过于陈旧,导致实践效果不明显。"程序性考核法"是体现在过程中的动态开放的考核方法,要求每一个阶段的能力都要达到既定的目标要求,目标要求由实习指导教师和提供实习场地的企业一起制定并监控。实践与生产相结合,一方面要考虑到理论知识的融入;另一方面要顾及到企业生产要求的满足。用学校和企业共同制定的目标要求进行考核,实践是真刀真枪的,绝不流于形式。这种模式充分锻炼了学生成为职业经理人的实战能力。

四、旅游职业经理人"135"培养模式

在以上分析的基础上可以构建基于旅游职业经理人目标的"135"创新培养模式。"1"指一个培养目标,即旅游职业经理人;"3"指旅游职业经理人应具备的3种条件:广博的专业知识和精湛的业务能力、优秀的个性品质和健康身心、现代经营管理意识和科学的企业领导艺术;"5"是指旅游职业经理人培养模式的5个支撑体系:模块化课程体系、"2+1+1"培养方式、"国际化"教学方法、"双师型"师资体系、"超市型"实践方式。旅游职业经理人的培养目标是本科教育的统领和指针,决定了学生应具备的条件和五大支撑体系的具体内容;旅游职业经理人应具备的3种条件是对培养目标的具体化,也决定了五大支撑体系的细节。而只有五大支撑体系不断完善,才能最终实现旅游职业经理人的培养目标。

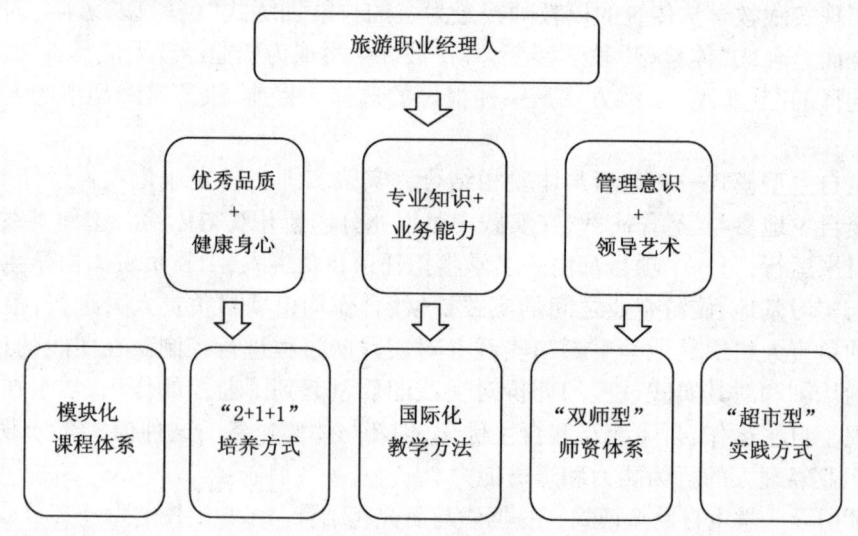

图1 旅游职业经理人"135"培养模式

(作者单位:北京第二外国语学院 旅游管理学院 北京 100024)

参考文献

[1] 邬婷婷,沈逸君,王芳.基于旅游职业经理人素养训练的学生职业发展互助模式的探索[J].科技创新导报,2011(22).

[2] 栗娟.让"学生成为旅游职业经理人"[J].科教文汇,2007(7).

[3] 单成宗,万三敏.旅游职业经理人的培养模式研究[J].企业活力,2004(6).

[4] 王芳.基于职业经理人培养的旅游实践超市运作模式研究[J].产业与科技论坛,2009(8).

[5] 陆林,黄剑锋,张宏梅.基于职业经理人培养目标的旅游本科教育创新发展研究[J].旅游学刊,2010,8(25).

旅游职业经理人 4E 培养模式研究

陈 芸

【摘 要】 随着旅游业的迅猛发展,行业内供需不匹配问题凸显。具备国际化视野、扎实专业能力和企业家精神的旅游职业经理人,是企业实现可持续发展的领军人物。本文先分析了旅游职业经理人的概念和构成要素,对旅游高校人才流失原因从三个层面进行了剖析,继而提出基于 4E 视角的旅游职业经理人培养模型,并结合实例提出相关切实可行的具体措施。

【关键词】 旅游;职业经理人;4E;培养模式

引言

随着旅游业国际化运营不断深入,行业内供需不匹配的问题愈发突出。一方面,许多知名企业对职业经理人求才若渴,高薪招募,但始终难觅合适人选;另一方面每年有大量高校旅游专业毕业生陷入就业迷茫,许多人放弃了学习多年的专业,另谋出路,人才流失现象十分严重。2009 年 12 月,《国务院关于加快发展旅游业的意见》提出,要把旅游业培育成国民经济的战略支柱产业和人民群众更加满意的现代服务业。《国家中长期人才发展规划纲要》也鲜明提出人才开发要高端引领的指导方针。高端旅游人才的培养与开发工作成为社会关注的焦点。2010 年,国家教委设立了新的旅游类专业硕士学历——旅游管理硕士(Master of Tourism Administration,简称 MTA),主要招收具有一定实践经验,并在未来愿意从事旅游业工作的人员,目标是培养具有社会责任感和旅游职业精神,掌握旅游管理基础理论、知识和技能,具备国际化视野和战略思维能力,敢于挑战现代旅游业跨国发展的高级应用型旅游管理人才。由此可见,高端的旅游职业经理人将是今后旅游行业人才需求和培养的重心,也是高校本科及以上层次旅游管理教育寻求突破点和差异化发展的关键。

一、旅游职业经理人概念及构成要素

目前,国外对职业经理人的概念有较为成熟的界定,如管理学家彼得·德鲁克认为,职业经理人是指拥有卓越的管理能力而缺乏资本,以企业的经营管理为职业,能合理地配置企业的内外各种资源,能实现企业经营目标而工作的受薪人员。旅游职业经理人是以旅游企业经营管理为职业的社会阶层,一般具有五方面特点:一是良好的职业操守,能达到职业道德和专业规范的要求。二为成熟的职业心态,能较好地把工作热情和务实作风结合。三为明确的专业分工,能够拥有专业优势,就旅游行业而言,可以分为旅游景区、旅行社、酒店等方向;就职业特性而言,又分为营销、策划、财务等专业人才。四为受薪阶层,通过自己的管理经验与技能参与社会交换获得报酬。五为可变动性,即能够进入人力市场并合理流动。

旅游职业经理人的来源可以多种多样,如拥有几年工作经验又回归学校进修的在职人员、科班出身于高校的旅游管理本科生乃至研究生也同样应该是职业经理人队伍的重要组成部分,然而,他们却是旅游人才流失最显著的部分,剖析其流失原因,探寻一条旅游职业经理人培养道路成为当务之急。

二、旅游高校人才流失原因剖析

1. 社会层面

作为典型的服务行业,旅游企业进出壁垒较低。旅游产品的非排他性,使人才在旅游企业间的进出壁垒也较低。由于旅游行业技能专属性不强,普适性较强,容易流向其他服务性行业。如今的旅游行业已不如几年前那样风光无限,价格恶性竞争,利润率低,自身的脆弱性又使其风险增大,再加上某些媒体以点代面的不实报道渲染,将个别旅游企业经营违规行为放大化,一定程度上动摇了旅游职业经理人的信念。各行各业外资公司纷纷抢滩登陆,薪酬福利待遇比酒店行业更具竞争力,诱使不少高层次旅游人才"弃暗投明",另谋高就,寻求不易被替代的、风险较小的行业就业。

不仅许多外行对旅游业存在误解,许多行业现有内部高管也认为从事旅游业不需要高学历,更倾向选择操作能力强、年龄小的员工从基层做起。管理机制和激励机制不健全,薪酬和责任义务不对等,规章管理不规范,绩效评估不透明,企业文化不先进,福利补偿不公平,晋升路径不明确,这些因素都可能妨碍旅游职业经理人的忠诚度和稳定成长路径。

2. 高校层面

高校对本科生或研究生的培养目标尚未形成鲜明差异化定位,具体表现为两个极端:一是只注重强化理论知识,培养的人只会纸上谈兵,在实践操作中一筹莫展,无法学以致用;二是只注重职业技能和知识,忽略对企业家精神、价值观教育等精神层次的培育,和职业中专院校相比没能实现差异化培养,在塑造创新意识和综合能力方面着力不够,对国际化理念人才培养的重视也不足。

国内课堂教学多以教师单向输出为主,未能实现以学生为中心的教学双向互动,学生处于被动接受状态,忽视了对学生创新能力、独立思考能力、团队协作能力的培养。使用的教材和设置课程与产业现状不匹配,严重滞后于旅游行业的发展。

旅游实习实践是高校教学十分重要的一个环节,但如今许多学校所订立的实习目标不能真正贯彻,这主要和旅游企业的经济性有关。许多实习单位之所以接收学生是因为暂时人手不够,希望找到廉价劳动力,重用轻教的弊端十分明显,一线操作占大多数,诸如经营、规划、设计、管理等岗位内容难以为学生提供实践机会。产、学、研尚不能真正结合。

3. 个人因素

由于旅游行业的特质,许多岗位需要从基层做起,本科以上层次的人才有一种心理落差,且国内对服务性行业仍具有一定偏见,面临家人的阻挠和社会舆论的不解。由于如今大多数学生是独生子女,在家过惯了衣食无忧的生活,自我中心意识和依赖意识都很强,因此较难适应艰苦的生活。

大学生在进行专业选择时普遍缺少职业规划,往往只是冲着热门专业和学校跟风报考,入学后发现与自己的理想相距太大。在浮躁的社会风气下,大学生务实心理明显,推崇"短平快"的快餐式学习方式,热衷于考证和突击考试,忽略对知识结构的整体构建,忽略对人际交往能力、语言表达能力、挫折承受能力、动手操作能力的综合培养,更忽略了正确价值观和人生观的塑造,为今后的职业道路埋下了隐患,具体表现为知识面狭隘、能力短板明显、价值观模糊,对企业的忠诚度和认可度不强等。

三、基于4E视角的旅游职业经理人培养轮模型

根据以上分析,旅游职业经理人的培训模式须从培养目标、平台构建、教学方式、考核机制等方面予以改革,主要体现在四个方面,每个E代表着一种视角,但这4个视角又不完全是相互独立的,互相结合能产生一种新的培养思路和方式,整个模型好比一个运转起来的车轮,带动培养轮模型循环往前推进,如图1所示。

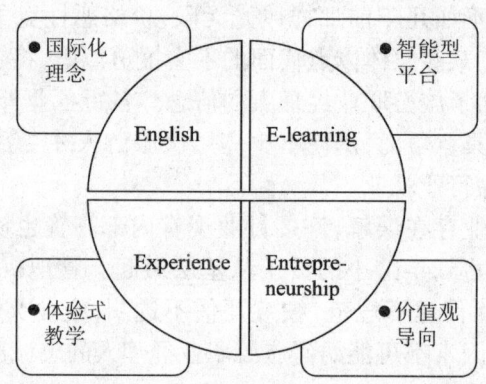

图1 基于4E视角的职业经理人培养轮模型

1. 国际化理念(English)

国际化不是一种狭隘的理解,很多人错误认为多开几门双语课程,多教几个单词,多请几个外教就是国际化。诚然,对高层次人才或职业经理人而言,英语词汇的匮乏和无法用英语顺畅沟通是职业发展的一大瓶颈,但国际化的要求远远超越于英语语言自身。联合国教科文组织(UNESCO)下属的国际大学联合会(IAU)对高等教育国际化有明确的定义:把跨国界和跨文化的观点和氛围与大学的教学、科研和社会服务等主要功能相结合的过程,这是一个包罗万象的变化过程,既有学校内部的变化,又有学校外部的变化;既有自下而上的,又有自上而下的;还有学校自身的政策导向变化。国际化最根本的目的在于跨文化交流,以培养具有国际竞争力的旅游企业领袖为目标,具有流畅的双语表达能力、前瞻性的敏锐视角、兼容并包的价值判断标准和适应国际竞争的灵活能力。

2. 智能型平台(E-learning)

这是一个信息高度爆炸的时代,在传统的课堂教学平台外,第二课堂和终身课堂是旅游职业经理人进行后续充电和学习的保证。Web时代为突破时间和空间的限制提供了便利的条件和平台,充分利用智能电子学习平台,能灵活开展教学活动,进行个性化教学和评价,有效实现资源的共享和沟通交流,故可建成课程教学系统、测验评价系统、交流沟通系统等。

对于工作繁忙的职业经理人而言,通过电脑和可移动便携设备实现远程充电学习将是今后一个重要趋势。

3. 体验式教学(Experience)

体验式教学是指根据学生的认知特点和规律,通过创造实际的或重复经历的情境和机会,呈现或再现、还原教学内容,使学生在亲历的过程中理解并建构知识、发展能力、产生情感、生成意义的教学观和教学形式。旅游是一门实践性很强的学科,闭门造车难以把握行业精髓,体验式教学方式很好地弥补了传统教学重理论轻实践的弊端,不论是课内的案例教学还是课外的情景教学,还是业内人士的交流座谈、模拟大赛等,都能为学员提供业内最新最全的先进做法,具有很强的操作性和实用性,对提高旅游职业经理人的知识和技能起到关键作用。

4. 价值观导向(Entrepreneurship)

企业核心竞争力从某种意义上讲,是企业家精神的一个反映或扩展,尤其在中国特色企业文化中,一个优秀的职业经理人往往能够影响甚至改变一个企业的文化和战略。长期以来考核培养的评价机制趋于死板和机械,过多关注卷面成绩和答题能力,但在实践中,能取得最高分数的不一定能做好职业经理人。对一个职业经理人而言,领导力、协调力、适应力这些软技能和特质的培养是必须的,诚实守信、爱岗敬业、开明创新、高效务实这些企业家优质精神是一个职业经理人实现可持续发展的原动力,也是其忠于企业和职业的保证。

四、基于4E模式的培养对策建议

1. 国际化理念运作

(1) 教学科研互访

首先要积极同国外大学联系,建立长期稳定的合作伙伴关系,从培养目标、师资力量、课程设置等各方面实现根本性的实质交流。通过师资互派互访,共同承担科研项目,共同开发课程,形成中英双语教学体系和教学模式。例如,北京第二外国语学院就与国际著名高校建立合作培养机制,进行国际学员互换,如国际知名商学院康奈尔大学、昆士兰大学、佛罗里达大学、怀卡托大学、洛桑酒店管理学院、普渡大学、香港理工大学等。广泛邀请国际知名旅游企业总裁、国际著名旅游产业研究专家进行授课,多数专职授课教师都有国外留学或访学经历,丰富国际化视野和跨文化教学经验。

(2) 海外实习研修

通过海外实习研修项目,派出学生到世界上最好的酒店、主题公园和世界顶尖旅游大学进行研修和实践,通过沉浸式的语言学习氛围,提升英语综合应用能力。通过专业课程设置,学习当前最先进的酒店运营及管理理念,培养全球化的视野和实用性的技能。到国际一流企业实习,丰富顶级旅游企业的工作经验,与来自世界各地的同事协同工作,提前适应多元化的工作环境和交流氛围,通过专门导师进行全方位的指导评估和实地考察。通过海外实习充分了解和适应国外社会、文化和生活,丰富多彩的异域旅游经历和社会活动,有助于丰富阅历、增长见识、培育国际化的视角和思维,锻炼处理事情、解决问题的技巧和方法,提高应变能力、适应能力以及职业经理人的国际化综合素质。

2. 智能型平台构建

(1) 旅游教育互动平台

Web2.0是相对第一代互联网的新一类互联网应用统称。Web1.0的主要特点在于用户通过浏览器获取信息,Web2.0则是以用户为核心的互联网,更注重用户的交互作用。旅游教育可以通过2.0网络平台实现教与学的互动,令课堂和复习活动更具生动性和趣味性。如"困境游戏"(Dilemma Games)是一种教学游戏,创建一种两难的困难场景,在课堂上或课后选择应对措施,可通过投票并在个人博客上给出理由,同时可以看到大家的投票和理由。案例库可以不停地添入学生自己编写的两难困境,十分适合本科生的案例教学。

(2) 旅游教育社交平台

通过建立学生博客群、学生WIKI、学生论坛、教师博客、教师WIKI和教师论坛,能有效开展第二课堂的学习,把学习活动延伸到教室外,可以往平台内上传幻灯片或流媒体,任何问题和练习都可以通过这个不受时空限制的交流渠道获得充分的沟通,实现集思广益。学员毕业也不代表着学习的结束,仍然可以使用账号通过无障碍的信息交流发布渠道——校友社区,个性化定制信息,随时了解学校近期举办的各种沙龙活动和学术论坛,校友可以自由选择回校进行交流,出色的校友还可以自愿充当行业导师志愿者,为在校学员提供就职建议、校企合作的资源和机会。

3. 体验式教学实施

(1) 课堂教学体验

案例教学是体验教学十分常用的一种方法。通过对典型案例的剖析,能为学生提供解决实际问题的思路和对策。另外还可以穿插专题讲座、企业考察、策划大赛、访学交流等活动来综合提高学生的决策力和领导力。例如,开展酒店模拟经营大赛,按照小组将学员分为几个公司,完全模拟实际运营,内部领导架构也仿照现有公司架构,如分别设置酒店的CEO、CIO、CMO等,每个实践项目由几个"公司"投标和运作,既锻炼了学员的领导、沟通、组织、管理能力,又培育了团队合作精神。

通过校内的模拟实验室,在仿真场景内进行知识和技能的传授,进行广义情境教学,通过实习餐厅、实习酒店、实习旅行社进行角色扮演开展体验学习。充实"双师型"教师队伍建设,柔性引进知名职业经理人和实践型人才充当兼职讲师或教育顾问,再现工作真实场景,以实现教学环节和实践环节的无缝连接。

(2) 课外实践体验

到旅游企业经营的第一现场中去,将课堂放入企业实战环境中,引进欧美国家通行的三明治教学模式,为学员安排实习经理、助理经理、部门经理或更高水平的管理者轮岗培训机会。让学员边进行实战演练边开展研讨学习,由企业提供培训场地,行业导师和学术导师共同授课,按月度或者季度收集个人相关实践中所遇到的问题,通过对现场突发事件的处理,如酒店发现高危传染病人、景区发生遗产旅游资源严重破坏、旅行社发生重大交通事故等,提升解决实际问题的能力。由于接触的是行业的最新动态和尚未盖棺定论的问题,有利于学员培养批判性思维和创新性思维。

4. 价值观导向评价

(1) 通识型培育

旅游教育未来学会(Tourism Education Futures Initiative,简称TEFI)的宗旨对旅游教育和企业家精神培养具有一定指导意义。TEFI白皮书指出,虽然旅游教育在未来将面临种种挑战,但学生们如果具有某些特定的价值理念,便能应对未来社会的不确定性。TEFI将这些价值理念总结为5点:循道(ethics)、传知(knowledge)、敬事(stewardship)、专术

(professionalism)、尊人(mutuality)。作为一名旅游职业经理人,精神核心特征包括创新、合作、冒险、敬业、学习、执著、诚信等方面,这些通用品质都需在教学过程中予以潜移默化的灌输和传递。

旅游职业经理人教育的精华在于,通过教师和学员、学员和学员之间相互交流的机会来培养企业家精神。在教学评估环节,不能只看分数,应该有一套完善的软技能评价机制,更偏重团队培养和评估。例如,北京第二外国语学院提出MTA课程的核心理念是,培养未来旅游界的产业领袖(Travel Industry Leader),用今天的产业领袖来培养未来的产业领袖,通过充分利用校友资源,请这些出色的现有旅游经理人校友与学员充分沟通交流,利用标杆效应或示范效应来实现价值观教育。

(2)订单式熏陶

在国际化和全球化背景下,外企、国企、民营旅游企业文化迥异,对企业家精神要求的侧重点也不尽相同。例如,有的企业更倾向敢于冒险创新的经理人,有的更青睐稳重保守的经理人。订单式培养不仅能在技能上开展最富针对性的培训,而且通过前期对未来服务企业文化的了解和磨合,职业经理人候选学员可以从一开始就将思维、行为、情感和企业进行对接和适应性磨合,企业的战略和思路将有助于职业经理人尽早作出个人职业发展目标的调整和规划,以最快速度融入企业,实现共同发展。

(作者单位:江苏师范大学 历史文化与旅游学院 徐州 221116)

参考文献

[1] 邬婷婷,沈逸君,王芳.基于旅游职业经理人素养训练的学生职业发展互助模式的探索[J].科技创新导报,2011(22):232.

[2] 梁明珠,马育倩.国际化视野下旅游管理专业教育模式探究[J].石家庄学院学报,2008(5):98-102.

[3] Janne Liburd, Anne-Mette Hjalager, Inger-Marie F Christensen. Valuing Tourism Education 2.0[J]. Journal of Teaching in Travel & Tourism, 2011, 11(1):107-130.

[4] Pauline J Sheldon, Daniel R Fesenmaier, John Tribe. The Tourism Education Futures Initiative (TEFI): Activating Change in Tourism Education[J]. Journal of Teaching in Travel & Tourism, 2011, 11(1): 2-23.

国际化视野下旅游管理专业人才培养模式的探索

陈 东

【摘 要】 随着各国文化的紧密交流,旅游业也越来越凸显其国际化的趋势。伴随着这种趋势,作为为整个业界输送人才的旅游管理专业的人才培养模式也越来越受到挑战。怎样使我们的人才培养模式能够满足国际化发展的趋势是我们面临的重要问题。北京第二外国语学院旅游管理学院在培养国际化旅游管理专业人才方面形成了一整套自己的教育模式。本文结合北京第二外国语学院旅游管理学院的培养模式,对国际化的旅游人才培养模式进行一些探讨。

【关键词】 国际化;旅游管理专业;人才培养模式

旅游业国际化的发展趋势已经是一个不争的事实,根据国家旅游局的统计,2011年1~12月份,入境人数是1.35亿人次。根据世界旅游组织统计,2008年中国公民出境旅游人数达到4585万人次,到2020年中国将成为世界头号旅游目的地国家和第四大旅游客源国。在经济发展到这个阶段,经济转型提高第三产业的比重和质量已是我国各个地方政府达成的普遍共识,很多省份都把旅游业作为支柱产业写进了十二五规划,提出了大力发展旅游业的远景规划蓝图,海南岛的国际旅游岛、北京的世界城市的概念都是在这样国际化的趋势下提出的。一方面是旅游国际化发展突飞猛进的势头,另一方面是我们高端的具有国际化视野的旅游人才的匮乏。作为以旅游管理为特色学科的北京第二外国语学院,理应在培养具有国际化视野旅游人才中承担重任。我们在培养国际化旅游人才方面的一些做法主要如下:

一、国际视域的职业人才培养定位

人才培养目标是统领我们人才教育模式的中心,培养具有国际视域的职业人才一直是我们人才培养的核心。我们学院提出的人才培养目标是"全球旅游产业领袖",这一目标是在旅游业国际化大趋势的背景下,结合旅游专业学生自身的特点提出的。根据我们学院10届毕业生的统计可以看出,进入国家公务员及事业单位的学生比例不足1%,上研究生的学生不足5%,出国继续读书的学生7%左右,剩余的87%的学生虽然有一部分学生未选择在旅游行业就业,但是大部分的学生是留在这个行业工作的。从目前我国公务员的招考来看,今后毕业生想要进入政府机关困难是越来越大。因此,培养全球旅游行业的高端人才和具有国际视域的职业人才是旅游业国际化发展的要求,也是北京世界城市定位对我们的要求。

二、国际化的学生来源和高校合作模式

目前,我们学院现有在读旅游管理本科、硕士的外国留学生近 100 人,来自于全世界 30 多个国家,留学生都能熟练掌握 2 门以上的外语,授课方式本科生和中国学生一起授课;同样的学业要求,研究生单独英文授课,基本形成学生来源国际化的格局。不断加强和世界各国高校间的合作交流,目前学院已经与澳大利亚昆士兰大学旅游学院、美国乔治·华盛顿大学商学院、美国佛罗里达大学罗森旅游与酒店管理学院、美国普渡大学消费与家政学院建立了合作研究协议并进行项目合作研究。长期承担承接发展中国家旅游部长培训班,5 年来共举办了非洲国家旅游部长培训班、葡语国家旅游部长培训班、东盟国家旅游部长培训班、China ASEAN Tourism Workshop、越南国家旅游局培训班,培训旅游高层官员 130 多人。与美国乔治·华盛顿大学、佛罗里达大学、澳大利亚昆士兰大学实行了"3+1"联合培养模式,目前派遣 4 批 20 多位学生到上述学校留学并取得国内国外双学位。派研究生参加在澳门、釜山、夏威夷举办的学术会议 26 人次。我们在学校内打造一个微型国际化的环境,中国学生和外国留学生共同学习和生活,便利了中国学生和外国学生直接的交流,了解对方的文化、生活和习俗。通过我们的努力,在国际合作方面形成了一个多层次的国际合作交流,高端的国际学术会议,高层的国际合作培训,有力地拓宽了学生的国际化视野。

三、国际化的高端学生活动平台

培养具有国际视野的旅游人才,不仅仅局限于专业知识和语言的学习,教育实践、志愿活动、学生社团、工作实习、国际参与都是我们培养计划的一部分。2012 年亚太旅游组织(PATA)二外学生分会成立,这是大陆地区成立的第一家学生分会,在它的架构下学生参与国际高端的旅游学术会议、旅游活动的机会将大大提升。学生志愿活动也是学生培养的亮点,每一次重大的国内、国际活动及社会爱心公益活动都能看到我院志愿者的身影。2011 年和北京市旅游发展委员会签订了旅游志愿者基地建设协议,我们将承担北京旅游的志愿活动重任。学生社团活动丰富多彩,旅游文化节、红色旅游线路设计大赛、旅游英语风采大赛、创业大赛、旅游发展·北京对话等活动,充分锻炼了学生的组织、策划、合作的能力。我们为大一新生制订了"一二一工程",即一次座谈会、两个报告、一次行业参观。两个报告是指一次专业思想和人生指导报告,一次业界专家报告。我们和国内的一些知名旅游企业也签订了实习合作书,比如首旅集团、宁夏沙湖景区等,为我们学生提供了很好的实习机会。通过高端平台的打造,锻炼了学生的综合能力,开阔了学生的国际视野。

四、国际化的课程体系设置

课程设置国际化最重要的体现是,师资力量的国际化,我们的教师中 80% 都有在国外学习或者交流的经历,同时我们也大力聘请了国外高校的一些教授作为我们的客座教授。每年都邀请一批知名的外国学者来我们学校讲学,2011 年我们总共举办了 20 多场国际学术讲座。此外,我们还举办了"产业领袖大讲堂",每期邀请一名业界有名人士前来讲课,截至 2012 年 10 月,我们总共邀请了 15 名国内著名专家、学者、企业家前来讲学。这样的系列活动对于拓宽学生专业视野,引发学生对专业学习、行业发展更深层次的思考,起到极大的作用。

五、提高国际化旅游人才培养质量的建议

1. 加强学生国际交流的规模,创新对外合作的模式

目前,我们学生对外交流还存在着规模偏小、渠道单一和方式不灵活的问题。国际交流对于旅游人才的培养至关重要,因为旅游归根到底是文化的交流,只有很好地了解异国的文化才能更好地做好旅游,了解一个国家的文化最好的方法就是实地去感受它。我们的研究生在读期间每人都有一次机会出国,而本科生的渠道就相对单一,每年和澳大利亚昆士兰大学、佛罗里达大学的合作还没有形成规模,或者说合作方式不能满足学生出国交流的需求。比如和昆士兰大学的合作,目前是三种合作模式即2+2,短期的培训和考研,缺少更加灵活的合作模式。总之,目前学生对外交流的规模偏小,其主要的原因如下:①费用偏高。以去昆士兰大学为例,2+2项目费用最少在30万元人民币以上,这样昂贵的学费阻止了很大一部分学生出行的可能。②途径单一。对于本科生来说就两种,一是拿双学位,二是短期的培训。为期一年的互认学分的项目还是偏少。③机制僵化。对于一部分学生来说,出国到国外大学交流是他们非常渴望的机会,但是根据我们学校的规定,很难得到协议外高校学分的互相认定,这样就意味着学生自己联系的出国学习是没办法学分互认的,学生如果出去就要多付出一年的时间。因此,在加强国际合作的同时,一定要在校内突破学分上的限制,不管是合作的高校或者学生自己联系的高校,只要对方高校的水平达到了我们合作的要求,我们就应该灵活地解决学分、学籍等相关方面的问题。创新对外合作的模式,一年的交换生可以互认学分的项目是学生最需求的项目,但目前这样的项目偏少,应大力开拓提供一定的资助或绝大部分学生能负担的一些合作项目。

2. 开展职业素质教育,拓展国际实习基地

旅游业作为现代的服务业对于就业者的职业素养要求更高,因此在人才培养上、课程设置上应该加强学生职业规划、就业能力的教育,在学生入学就开展职业规划的课程,帮助学生养成良好的职业素养,提升学生就业能力。这样学生在毕业时才能热爱自己所从事的行业,才能对自己的职业路径有一个清晰的规划。

努力开拓国际化的就业实习基地。目前,我院还没有外国政府、国际性的组织、机构、公司的就业实习基地,这对于国际化的人才培养是不利的。旅游管理专业是一个特点非常鲜明的学科,它对实践能力的要求非常高,对于非智力因素方面的沟通能力、心理知识等都有很高的要求,这些能力的获得最重要的一个途径就是实习实践。我们在学生实习就业方面存在以下主要问题:

第一,学生的培养模式是以课堂教学为主,实践的机会太少。我们目前的课程设置多是以课堂教学为主,实践教学的课程偏少。旅游管理这类实操性较强的专业,应该加强实践教学,使学生能够在行业中去学习,去锻炼实际动手能力。

第二,国际化的学生实习基地建设势在必行。目前,我们的实习基地主要是国内的旅游企业,基本上没有国外的政府机构、国际组织、公司的实习基地。在世界上国际化程度较高的高校,都有很国际化的学生实习基地。目前,我们合作的机构、公司都是国内的组织,没有国际性的组织、机构和公司为我们提供就业实习机会。并且在我们现在的实习基地建设方面还存在一些问题,比如首旅集团是我们的实习基地,但是具体的实习方式、细则还是很粗糙的,没有精细化双方合作的一些具体事宜。如何探索一套规范的学生实习办法,怎样使企

业能够切实感觉实习生能给它们带来实际的好处,学生能够在企业实习中学到实实在在的东西,使企业与学校做到双方共赢,是我们以后开展合作首先要考虑的问题。

第三,课程安排不尽合理,没有专门的时间供学生实习。目前,我们的课程安排一直到大四上半学期,而且在大四的上半学期中课程安排也不尽合理,很多专业每周的课程只有两节或者三节,导致学生没有整块的时间去做专业的实习。我们应该在课程设置上尽量考虑到学生实习的需求。

3. 拓展教师来源渠道,提高教师国际化程度

在教师的来源上,我们可以更加多元化,国外的教授、学者、职业经验丰富的人才都可以加入我们的教学团队。旅游是文化的载体,文化是旅游的灵魂。作为一所国际化的有特色的高校,加强国际文化交流的课程设置,对于培养具有国际化旅游人才起到至关重要的作用。

六、结语

旅游业国际化的特征,要求旅游人才培养的目标不仅要掌握扎实的理论知识,更要体现"思行合一"的理念。打造综合性的高端的国际化的学生活动平台,拓展学生实习的宽度和深度,加强学生对外交流,提升专业教育的国际化程度等,都是未来培养国际化旅游人才至关重要的环节。

(作者单位:北京第二外国语学院 旅游管理学院 北京 100024)

参考文献

[1] http//www.miis.edu
[2] 张睿,张侨,金海龙. 国际化旅游人才的内涵及特征研究[J]. 中外企业家,2012(3).
[3] 张侨,张睿,朱海冰. 国际化旅游人才评价指标体系构建研究[J]. 科技和产业,2012(3).
[4] 梁明珠,马育倩. 国际化视野下旅游管理专业教育模式探究[J]. 石家庄学院学报,2008(3).
[5] 李俊. 外向型旅游管理专业本科人才培养途径研究[J]. 经营管理者,2012(9).

强调自主行为参与和知识转移的职业经理人培养模式

李笑一

【摘　要】 随着旅游国际化的发展,旅游职业经理人的培养要结合职业经理人的特点满足旅游国际化的需要,特别强调在学生参与教学活动中知识转移的重要作用。国际旅游职业经理人的培养必须把握教育的本质,探求作为职业经理人的学生特点,注重教育培养过程中知识的转移,为知识的融合与升华创造条件,建立强调学生参与和知识转移的国际化旅游职业经理人培养模式。

【关键词】 国际化旅游;职业经理人;学生参与;知识转移;培养模式

一、引言

在旅游国际化的大背景下,国际化旅游职业经理人的培养越来越受到旅游业界各方面的广泛关注。高端旅游教育不仅需要经院式的精英型教育,更需要实践型实用性的职业经理人的培养教育。旅游高等院校如何培养出符合旅游国际化需求的职业经理人队伍,直接决定着旅游高等院校自身的行业地位、发展前景和成败归宿,更关系到国家旅游业的国际竞争实力和国际化地位。

学界对于职业经理人的定义有多种,一个有代表性的说法是,所谓职业经理人,是指在一个所有权、法人财产权和经营权分离的企业中承担法人财产的保值增值责任,全面负责企业经营管理,对法人财产拥有绝对经营权和管理权,由企业在职业经理人市场(包括社会职业经理人市场和企业内部职业经理人市场)中聘任,而其自身以受薪、股票期权等为获得报酬主要方式的职业化企业经营管理专家。职业经理人虽然是受薪阶层,但作为企业重要的管理者,所获薪酬相当高。在美国的一些大企业,高级职业经理层的平均收入已经达到了普通员工平均水平的一百多倍,因而有"金领"之称。职业经理人除了具备自身的素质特征外,为了适应国际化的需要,必须具备适应国际环境变化的能力以应对旅游经营管理过程出现的各种各样的临时性和突发性问题。因此,在国际化旅游职业经理人的培养过程中,应探索一条强调学生创新应变能力和知识转移能力的新路。

二、在职业经理人的培养过程中注重学生自主行为教学方法的运用

1. 自主行为的内涵

黄全愈的四种行为的观点认为,人的行为是由"独立行为"和"角色行为"两元性组成;

同时又具有"有意识行为"和"无意识行为"的两重性。以人行为的两元性为横坐标、两重性为纵坐标画出的交叉图表(见表1)较清晰地显示出人的不同行为。如果再把人的思维活动与人行为的两元性、两重性交叉图解联系起来分析,则进一步显示出人的行为与人的思维活动之间存在着密切关系。

第Ⅰ区是无意识的独立行为(或称直觉行为)。这是指那些正常的、可理解的、几乎是"本能"的反应。在第Ⅰ区域中,人的形象思维非常强。第Ⅱ区是无意识的角色行为(或称习惯行为)。这是一种内在的、无意识的、不需经过深思的角色行为。在第Ⅱ区域中,人的思维活动主要有潜意识逻辑思维、定向思维、机械思维、线性思维、聚焦思维等。第Ⅲ区是有意识的角色行为(或称确认行为)。这是一种基于自己角色地位的社会确认行为。在该区域中,人的思维活动主要有逻辑思维、定向思维、机械思维、线性思维、聚焦思维、形象思维(弱)。第Ⅳ区是有意识的独立行为(或称自主行为)。这是一种不被角色行为规范所约束的独立自主的超然行为。在第Ⅳ区域中,人的思维活动主要有形象思维、逻辑思维、多维思维、扩散思维、聚焦思维、逆向思维、线性思维。人的成熟过程基本上遵循"第Ⅰ区→第Ⅱ区→第Ⅲ区→第Ⅳ区"这样一个四种行为区域发展过程,代表着人的行为发展的四个阶段(见表1)。

表1 人的行为两元性与两重性以及思维与行为关系表

	角色行为	独立行为
无意识行为	潜意识逻辑思维 定向思维 机械思维 线性思维 聚焦思维 Ⅱ 习惯行为	形象思维(非常强) Ⅰ 直觉行为
有意识行为	逻辑思维 定向思维 机械思维 线性思维 聚焦思维 形象思维(弱) Ⅲ 确认行为	形象思维 逻辑思维 多维思维 扩散思维 聚焦思维 逆向思维 线性思维 Ⅳ 自主行为

人的思维与人的行为是极为密切的,思维是行为的内在基础,行为是思维的外在表现。众所周知,与创造性思维活动有关的思维是形象思维和逻辑思维。由此可见,第Ⅳ区域集中了人的所有创新思维,集中了最多的与创造有关的思维活动。因此,可以把自主行为的第Ⅳ区称为发明、创造或创新的思维区。对于任何组织中的人来说,当他在第Ⅲ区域活动(确认行为)时,创新能力低;而在第Ⅳ区域活动(自主行为)时,创新能力高。然而,传统的教学方式恰恰是强调学生的确认行为,忽视甚至不允许学生自主行为的产生,这无疑扼杀了学生的创新思维和创新行为。

2. 自主行为的教学方法

自主行为与确认行为都属于有意识行为,只是角色行为程度与独立行为程度、具体思维形式有很大不同。创新行为往往源自于集中了所有的创新思维形式的自主行为而非角色行为。黄全愈在其《素质教育在美国》一书中用跟踪研究的大量实例对此作了充分的描述。"以课堂为中心,以教师为主,以知识灌输为主"的传统式教学方法是典型的确认行为教学方式,它不利于科学发明创造与创新能力的挖掘;而包含自主性、独立性、能动性和创造性等几方面特性的人的自主行为则体现着更多的创造性智力活动,因此"视创新为生命"的自主行为教学方法对增强学生的创新能力具有重要意义。在知识经济时代,企业组织系统的弹性化、生产作业及管理的柔性化也相应地要求员工应具有更多、更优的自主行为。譬如美国一些高科技公司在自身的研发体系内,常常保留一少部分科学家做自主自由的研究而不下达特定的任务。因此,高等院校为了适应企业与社会对创新型人才的需要,如何加大自主行为教学的力度,注重学生自主行为的培养,增强学生的创新能力,已成为未来高等院校教学研究的重要内容。

表2从学习形式、学习本质、学生角色、教师角色、学习氛围、教学结果和实际能力7个方面对自主行为教学(创新型教学)与确认行为教学(传统型教学)进行了初步的比较。

(1)学习形式:确认行为教学强调个人学习,学生往往是被动地接收知识,形式固定;自主行为教学强调学生能力的自主性发挥,灵活采用适应当时情景的个人、小组、团队的柔性结合。

(2)学习本质:确认行为教学强调对事物的认知和认同;自主行为教学强调通过对事物的认识、领悟和掌握等发挥自身的特长进行优化创新。

(3)学生角色:确认行为教学中学生处于被动接收知识的地位和角色;自主行为教学中学生具有最大限度的独立自主性,具有充分的主动性。

(4)教师角色:确认行为教学的重点是讲授与评估;自主行为教学的重点在于对学生自主行为方向的引导、潜力的激发、提供充分的支持与协调。

(5)学习氛围:确认行为教学往往公式化、限制性强、强调身份与角色、氛围枯燥;自主行为教学行为自主、思维独特、不拘一格并充满了戏剧性。

表2　自主式教学与传统式教学方法的比较

比较项目	自主行为教学	确认行为教学
学习形式	个人、小组、团队柔性结合	个人学习
学习本质	发挥特长、优化创新	认知、认同
学生角色	自主独立	被动接受
教师角色	引导、激发、支持、协调	讲授、评估
学习氛围	行为自主、思维独特、戏剧性	公式化、限制性、强调身份、枯燥
教学结果	戏剧性、前瞻性、创造性	注重考试成绩
实际能力	出人意料、超出常规	较低、不确定

(6)教学效果:确认行为教学注重考试成绩;自主行为教学注重戏剧性、前瞻性和创造性。

(7)实际能力:确认行为教学学生的实际操作能力往往较低、不能很好地满足实际需要;自主行为教学学生的实际能力往往超出常规、出人意料。

实践证明,学生自主行为能力的培养,对职业经理人应变能力和创新能力的激发与发挥有着积极、正面的影响。

三、在职业经理人培养过程中注重学生知识的转移

学生自主行为参与教学服务和传递过程,学生与教师之间更直接的信息沟通,促进了教师与学生的知识获取和经验积累。在学生与教师交互的情景下,引入学生知识转移中间变量,构建一个反映学生自主行为参与教学的概念模型(如图1),来说明学生自主行为参与和知识转移的教育培养模式。

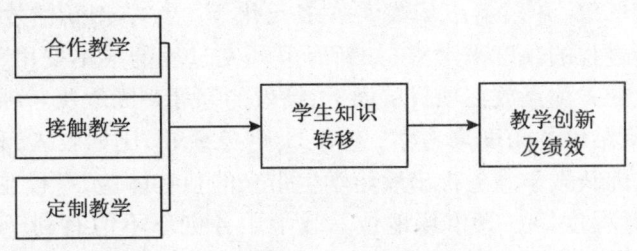

图1 学生自主参与和知识转移教学模型

1. 模型中间变量的引入——学生知识转移

知识转移是组织内部或组织之间跨越边界的知识共享,即知识以不同的方式在不同的组织或个体之间的转移或传播。学生知识是指存在于个体层面或集体层面上的学生所拥有的隐性知识。关于教学服务、高校以及市场等方面的经验、判断以及价值观的动态组合,必须通过交互式学习才能有效获取和共享。高校转移知识的能力是高校存在的根本支撑。识别新信息的价值,获取、吸收并利用这些信息,对提升高校的创新能力和改善教学绩效都大有裨益。本文认为学生知识转移绩效是指在一定时期内,一定数量的学生知识发生转移,同时在转移的内容、效率及效果等方面使知识接收方感到满意,即知识的成功转移必须包含知识的传递过程,并使知识接收者感到满意。

2. 学生参与的内涵

学生参与体现了学生包含于教学服务生产和传递过程中的程度,是一个多维度的概念。本文认为,学生参与包括三个层面:合作教学、接触教学以及教学定制。

(1)合作教学。反映了学生在教学活动过程中付出的投入。学生以合作生产者身份出现在教学活动过程中时,可以看作是教学的一种投入要素,学生成为教学活动的"合作生产者",角色发生了部分变化,倾向于认为自己的努力将会对教学质量、自身价值以及满意度有所贡献,尤其是在看到合作教学能为自己带来更大利益时更是如此。从知识转移的角度来看,合作教学促进了学生能力的发挥、知识共享意愿的增强,有利于教师通过更宽的知识转移渠道来获取学生知识。

(2)接触教学。是指学生与教学服务环节交互的纵深程度。在教学活动服务系统中,学生往往根据实际接触到的前台作业和感知到的服务质量而对整个服务生产作出评价。随着接触程度的提高,教学的服务流程更多地暴露在学生可直接感知的范围内,学生有可能为教学过程注入更多的不确定性,来自学生的不确定性迫使教师要能够发现环境的变化,识别这些变化给教学带来的机会和挑战,提出应对方案并作出合理选择。来自学生接触的压力促使教师必须更加了解学生,想方设法获取更多的知识。

（3）教学定制。是指教学服务过程中学生需求的个性化程度，即学生要求学校提供标准化的、定制化的教学服务。标准化模式能使学生得到价格低廉和质量稳定的服务，但不利于满足单个学生的个性化需要，无法为之创造独特的体验，学生参与程度较低；教学定制建立在对学生个性化需求认知的基础上，更加强调学生参与和互动，学生参与程度较高。

3. 教学方法创新与教学绩效

教学方法创新不仅能够改善高校的财务绩效，在无形服务的有形化方面也发挥着重要作用，诸如改善高校形象、开拓新市场或实现多元化等。教学创新绩效的考察分为两个角度：一是从教学创新过程的角度来考察，如新服务开发过程的成本费用、开发周期长短以及有效性等方面，研究的关注点放在项目层面上，绩效的好坏判断取决于项目层面上的战略目标。二是从教学创新结果的角度来考察，包括：①财务绩效，比如收入、利润、资金回报率等指标。②学生关系，即新教学服务推出后给学生带来的独特体验，高校在学生心中的形象和地位以及学生的满意程度等。③市场地位。教学服务创新不但有利于巩固已有的市场地位，同时通过提供更高的学生价值，还能为高校带来新的竞争优势。

4. 学生参与、学生知识转移和教学创新之间的关系

随着教育产业和服务经济的兴起，教学服务创新成为高等院校获取竞争优势的重要来源。由于高等教育的服务特性，学生导向更为明显和突出，学生参与对于教学创新会产生重要影响：一是直接影响，学生参与到教学创新开发项目中，从服务概念的开发到最后投放到教育市场的服务创新全过程；二是间接影响，学生作为受教育者投入一定的时间和精力，感知教学服务生产的诸多环节，并主动提出自己的个性化需求。显然，学生参与会影响到教育者对受教育者的理解程度，这对于教学方法创新和教学绩效来说至关重要。

在新经济时代，知识无疑是高校教育最具战略价值的资源。教学创新过程中唯一重要的资源就是知识，学生知识转移从三个方面促进教学创新：①从学生那里及时获得关于服务技术、服务环境和服务质量等方面的知识，改进服务流程，提高服务传递的有效性，从而降低成本。②通过获取有关学生当前和潜在需求的知识，准确地改进或开发出"适销对路"的教学服务。③通过提高知识的广度和深度，增强教学创新组合能力，以比竞争对手更快的速度开发出新教学服务方式，开拓新的市场机会，保持和提升市场竞争地位。

四、结论

自主行为是最具创新思维和应变能力的行为，因此，高等院校要区别传统的确认行为与创新应变的自主行为，明确自主行为教学的含义与目标，充分认识自主行为教学的特点，不断挖掘自主行为教学方法，孵化以教师为主导、学生为主体的自主行为教学管理机制，培育自主行为创新文化，全面推进国际化旅游职业经理人自主行为参与和知识转移的教育培养模式。

学生自主参与和知识转移的教学机制可以归纳为四点：①学生参与的教学服务和传递过程有三个维度：合作教学、接触教学和教学定制，学生自主参与概念的丰富，有助于深入理解教育服务过程中学生与教师之间的互动关系。②上述三个维度对学生知识转移影响的途径不尽相同：合作教学带来的学生角色转变以及学生能力的发挥，增强了知识转移方的知识共享意愿；而接触教学和教学定制会增加教学服务过程的不确定性，来自学生和市场的压力迫使教师去理解学生，增强了知识接收方的知识获取意愿。同时，三个维度体现的学生参与

程度,拓宽了学生知识的转移渠道,有利于知识从学生向教师转移。③通过分析学生知识转移与教学创新绩效之间的关系,揭示了学生知识转移对教学方法创新和教学绩效有着正向促进作用。④自主行为参与和知识转移在培养国际化旅游职业经理人的机制中起着重要的中间媒介作用。

(作者单位:华北科技学院　管理学院　北京东燕郊　101601)

参考文献

[1] http://wiki.mbalib.com/wiki/%E8%81%8C%E4%B8%9A%E7%BB%8F%E7%90%86%E4%BA%BA

[2] 黄全愈. 素质教育在美国[M]. 广州:广东教育出版社,2003:77 - 78.

[3] Szulanski G. Exploring Internal Stickiness: to the Transfer of Best Practice Within the Firm Impediments [J]. Strategic Management Journal (special issue), 1996(17): 27 - 44.

[3] Kogut B, Zander U. Knowledge of the Firm, Combinative Capabilities, and the Replication of Technology [J]. Organization Science, 1992, 3(3): 383 - 397.

[4] Zeithamh V A, Bitner M J. Services Marketing: Integrating Customer Focus Across the Firm [M]. 2nd ed. Boston: McGraw-Hill, 2000.

[5] Mills P K, Morris J H. Clients as Partial Employees of Service Organizations: Role Development in Client Participation[J]. Academy of Management Review, 1986, 11(4):726 - 735.

应用型饭店人才校企合作培养模式创新研究

郑 洁

【摘 要】 本文以北京城市学院为例,对饭店人才校企合作的培养模式进行了创新研究。全文共分三个部分,首先分析了饭店人才校企合作培养的现状;其次分析了饭店人才校企合作培养存在的问题;最后提出了饭店人才校企合作培养的三种主要模式,即学校主导式、联合主导式、企业主导式。

【关键词】 应用型;校企合作;模式

一、应用型饭店人才校企合作培养现状

2002年全国职业教育工作会议之后,我国高职教育迅速兴起。尤其在"十五"期间,高职院校数量翻番增长,高职教育成为我国高等教育的重要组成部分。根据联合国教科文组织1997年修订的《国际教育标准分类》,高职教育可归类为5B,承担专门的职业技术教育,培养适应生产、服务、管理等一线需要的高等技术应用人才。高职教育的内在特征与要求决定了其必须开展持久、系统、现场的实践教学,不仅要保证时间,而且要保证实践的真实环境,还应依照能力训练的职业标准展开,所以高职教育院校开展校企合作教育是一种必然选择。截至2007年底,全国饭店高等院校有770所,据调查,大多数院校都与饭店企业开展了不同形式、不同层次的合作,取得了一定的效果,也存在着一些亟待解决的问题。据调查,目前大多数院校饭店管理专业都开展了校企合作的人才培养模式,但是合作的层次较浅,很多院校的合作仅限于教师互聘、校外基地建设、专业研讨、学生就业等,还没有开展课程开发、共办专业、共管共享师资、共教共导学生等。主要合作方式表现为以下几种:第一,顶岗实习。第二,就业实习。第三,订单式人才培养。前两种方式是目前高职院校该专业普遍采用的校企合作方式,后一种方式目前采用得较少。下面以北京城市学院饭店管理专业为例,进行相关问题分析。表1说明了饭店管理专业近年来的校企合作情况。

表1　北京城市学院饭店管理专业教学实习情况表

时间	实习酒店	人数	合作方式
2004.6.30~9.30	北戴河老干部休养所	2003级70人	一线顶岗实习
2005.6.30~9.30	北戴河老干部休养所	2004级40人	一线顶岗实习
2006.6.30~9.30	国际饭店、贵宾楼、兆龙饭店、鑫海锦江大酒店、华润饭店、外交部服务中心等	2005级87人	一线顶岗实习
2007.7.2~2008.3.20	鑫海锦江大酒店、中苑宾馆、职工之家、长富宫、人大会议中心	2006级73人	一线顶岗实习、业界人士来校授课
2008.3.2~9.30	长城饭店、金融街洲际酒店、鑫海锦江大酒店、中苑宾馆、职工之家、长富宫、人大会议中心	2007级83人	一线顶岗实习、业界人士来校授课
2009.3.2~9.30	鑫海锦江大酒店、中苑宾馆、人大会议中心、国谊宾馆、友谊宾馆	国内:64人 国外:15人	一线顶岗实习、业界人士来校授课
2011.3.20~11.9	长城饭店、金融街洲际酒店、鑫海锦江大酒店、中苑宾馆	国外:12人 国内:36人	一线顶岗实习、业界人士来校授课

二、应用型饭店人才校企合作培养存在的问题

从现行饭店人才的培养模式和培养结果看,主要存在以下问题:

1. 饭店人才培养质量缺乏竞争力

(1)饭店企业提供的实习岗位单一,重视技能培训,忽视管理实践

高等职业教育主要是向社会输送具有一定实践能力,同时又具备管理潜质的中高级人才。不精通业务的人做不好管理,同样满足于局部技术的人也无法做好管理,懂技术会管理是饭店管理课程实践性教学的最终目的。因此,高等职业饭店管理实践性教学应体现技能和管理两个方面。由于饭店行业具有季节性和脆弱性等特点,部分企业合作的动力是提高企业的声誉,更主要的是在旺季能缓解人力资源的匮乏。同时受利益的驱动,企业更需要的是能够直接上岗、顶岗的高级技术应用型人才,对接收高职学生的实习缺乏积极性。因此,提供的实习场所或岗位比较有限。饭店企业提供的岗位单一、简单,主要是饭店餐饮、客房等一线的服务岗位,重技能培训而忽略管理实践,不能全方位地给学生提供实习的机会,学生通过实训操作技能得到提高,但实际的综合能力方面提高不多。

(2)饭店企业基本不参与实践教学环节,实践教学目标难以实现

国外先进的饭店职业教育模式中,饭店企业直接参与学校实践教学环节,在学生进入饭店企业进行岗位实习前,饭店企业与学校共同制定实践教学计划,共同对学生实习考核。目前,我国饭店企业的校企合作基本上局限于形式上的或粗线条式的合作,忽略了合作必须的

过程。饭店企业基本不参与学校实践教学环节,对应用型人才的培养还处在意识层面或是抽象模糊的谈论,还不是明确具体的操作,大部分的合作还处于传统的"学校找实习场所,企业用廉价劳动力"阶段。

学生的实习主要是师傅带徒弟形式,管理和监督的缺乏使得对人才的培养也存在很大的随意性,甚至有些缺乏职业素质的饭店企业人员把陋习传授给学生,学生受到一些负面影响,影响学生树立积极的职业观。

2. 饭店人才培养方式缺乏稳定性和持久性

(1) 学校缺乏为饭店企业解决经营管理过程中的实际问题的能力

高职院校所掌握的资源是人才培养资源,主要是师资、教学资源、科研条件等,其突出的资源优势是进行人才培养或培训方面的优势。但总体上讲,高职院校的实力不强,教师的科研开发和技术服务能力较弱,校企双方资源有一定的互补性,但更多的是不对等。饭店企业对合作开发科研、解决企业运营的实际问题和为企业进行人员培训表现出浓厚的兴趣,希望借助高校的科研资源解决经营管理的实际难题,而目前该专业高职院校教师大多缺乏饭店企业工作经验,科研能力相对薄弱,不能为企业提供有效服务,无法满足或解决饭店企业所面临的问题,从而影响了校企双方合作的稳定性和长期性。

(2) 校企双方缺乏相应的管理机构,制约了合作的稳定性、长期性

虽然校企合作发展高职教育已经被广泛接受,但双方都缺乏相关的管理机构。学校没有设立校企合作的对口协调性机构,校企合作教育仍然只是在系(院)层面进行,缺少学校一级的校企合作教育平台。企业没有专门的机构负责校企合作教育,多数是由人力资源部门兼职负责或以项目形式开展。另外,有些高职院校的校企合作只是建立在"关系合作"或"友情合作"之上,合作的维持往往依靠企业和学校双方的私人关系,致使合作关系非常脆弱,难以长久健康地发展。

3. 饭店人才培养主体双方缺乏合作动力

(1) 学校内部缺乏相应的政策激励机制

从学校方面来看,学校缺乏合作的动力。近年来,虽然几乎所有的饭店管理专业高职院校都开展了形式不同的校企合作,但对校企合作教育的认识更多的还只是停留在表面上。在院校内部,政策激励机制不健全。学校在人事制度和利益分配等方面都缺乏针对校企合作的明确政策和激励措施,无法充分调动管理人员和教师的积极性,在一定程度上阻碍了校企合作的推进。

(2) 饭店企业方面缺乏合作的动力

从饭店企业来看,合作的积极性不高。饭店企业作为市场主体,其追求的目标是以最小的成本最大限度地获取利润,没有把职业教育的育人功能融入企业价值链中,不会主动承担为社会培养高技能人才的任务。企业与高职院校合作时,首先会考虑这种合作是否与其追求的目标相一致,否则企业就可能拒绝合作。在我国相关政策法规中,没有针对企业参与校企合作教育项目作出的规定。一些企业"只摘桃不育桃",只挑人不育人。出于自身经济利益和生产实践等因素的考虑,在与企业利益发生矛盾时,就会把校企合作当作额外负担,没有与高职院校开展校企科研合作教育的义务感、紧迫感,在合作的过程中热情不高。

4. 政策缺失导致无法保证培养主体双方利益

首先,政府机构中对高职校企合作教育的管理尚处于真空状态,没有为高职院校和饭店

企业之间的信息沟通、项目合作提供便利的管理载体，仅有教育主管部门号召尚无法促成校企合作教育的顺利进行，也无法建立校企合作教育的平台。其次，饭店企业校企合作主要是由高职院校积极推动的，饭店企业往往凭借某些暂时性优势观望等待，热情不高。

此外，由于饭店人才市场的高流动性，饭店企业更依赖从市场上获得所需的技术和人才。在这种情况下，政策激励就显得很有必要。这种激励，主要是对饭店企业的政策激励，应由政府制定专项补助政策和税收优惠政策，建立校企合作教育平台和加强政策导向，使饭店企业在与高职院校的合作中获得直接利益，调动饭店企业参与校企合作教育的积极性。

三、应用型饭店人才培养模式创新研究

1. 深化校企合作模式：学校主导式向企业主导式发展

为贯彻落实全国职教会议精神，研究探索有中国特色的高等职业教育改革发展之路，推动产学研结合的深入开展，教育部自2002年10月起连续三次召开全国性的大规模、高层次的产学研结合经验交流大会，集中研究高职教育产学研结合培养应用型人才这一重大问题。教育部部长周济三次与会作重要报告。经过三次会议的提炼，以服务为宗旨，以就业为导向，产学研结合，办人民满意的高等职业教育，目前已成为高职教育的主旋律，同时也被社会各界高度认同为高等职业教育发展的基本定位。2002年12月，教育部高教司下发了《关于设立一批高职高专产学合作研究与实践项目的通知》，设立21个高职高专产学合作研究与实践项目，从一定层面上推动了高职高专产学合作教育的探索和实践。

本文认为，按照校企合作的深浅和结合的紧密程度划分，应用型饭店人才校企合作培养模式可以分为以下三种类型：

（1）学校主导式

学校邀请企业参与制定课程教学计划，并在企业建立实习基地，建立专业专家指导委员会和实习指导委员会，聘请行业（企业）的专家、高级技师等为指导委员会成员，与企业签订专业实习协议，逐步形成产学合作体。

（2）联合主导式

学校为企业提供咨询、培训等服务，建立横向联合体，成立董事会，形成多元投资主体，争取国内外的企业家、实业家、专家、学者及社会各界知名人士参加董事会，争取社会各相关行业、企事业以董事单位的身份支持学校发展，并建立由知名专家参加的专业指导委员会，制定切实可行的专业教学计划，按岗位群的分类，确定专业能力结构和非专业能力素质的群体要求，按照企业的需要进行人才培养。

（3）企业主导式

企业与学校相互渗透，学校针对企业的发展需要设定科研攻关和研究方向，并将研究成果转化为工艺技能、物化产品和经营决策，提高整体效益；企业也主动向学校投资，建立利益共享关系，真正实现"教学—科研—开发"三位一体。学校在为地区经济发展提供各种技术和营销管理、咨询服务的过程中获得地方经济发展状况和需求的第一手资料，为教学提供实例，使理论与实际有机结合。

2. 应用型饭店人才校企合作培养模式的具体表现

本课题组认为，饭店职业经理人培养的校企合作具体形式应如表2所示。

表2 饭店人才培养校企合作模式一览表

合作内容	学校主导式	联合主导式	企业主导式
发展规划	成立校企合作指导委员会	校企共建战略伙伴关系	校企共建人才培养培训集团或联合体
专业建设	成立饭店专科人才建设委员会	校企共建专科饭店人才决策机制	建立由企业主导的专业建设协调机制
课程体系	企业参与制定课程教学计划	校企共同确定课程体系	企业主导课程体系开发
师资队伍	学校教师为主	建立"双师型"师资队伍,学校教师定期到企业实习	学校教师在企业任职,具有双重身份
师资队伍	企业兼职教师为辅	具有稳定的企业兼职教师队伍	学校从企业直接调入高技能人才充实教师队伍
实习基地	建立校内实训基地	校企共建稳定的实习基地	校企一体化管理
能力评价	学校为饭店企业参与考核评价创造条件	校企共同建立教学评价制度	建立企业评价学生职业能力制度
能力评价	学校开展用人单位满意度调查	校企共同建立教学评价制度	建立企业评价学生职业能力制度
能力评价	学校对毕业生就业进行跟踪调查	校企共同建立教学评价制度	建立企业评价学生职业能力制度
研究开发	学校建立专门教学研究机构	校企共同开展研发或学校为企业提供服务	建立区域性研发机制
招生就业	学校制定招生培训就业计划	校企双方共同制定招生培训就业计划	饭店企业组织招生和培训
招生就业	学校制定招生培训就业计划	校企共同举办饭店在职员工培训班	饭店企业组织招生和培训
学生管理	学校按照饭店企业要求制定学生行为规范	校企共同组织实施操行考核	校园文化融入企业文化内容

应该说,学校主导式、联合主导式和企业主导式是应用型饭店人才校企合作必须经历的三个阶段,也是推进应用型饭店人才校企合作不断深化的必经之路。

(作者单位:北京城市学院　北京　100024)

参考文献

[1]李祥富.高职院校产学合作教育的现状与对策研究——从院校角度谈校企合作运行机制建设[J].襄樊职业技术学院学报,2009(1).
[2]周颐.高职产学合作教育问题研究[J].教育发展研究,2008(13-14).

本科阶段旅游人才培养定位研究

张飞飞　邹统钎

【摘　要】 旅游业在蓬勃发展的过程中出现了如下矛盾的现象：一方面，旅游企业缺乏高级管理人才；另一方面，旅游院校毕业生就业时存在着严重的低进入率和高流失率问题。本文通过对旅游教育定位问题已有研究的梳理和对本科阶段旅游人才培养定位发展历程的总结，以本科阶段为立足点，以定位研究为切入点，运用市场定位理论，主张从以下三个方面来寻求解决之道：一是运用心智认知规律提高满意度；二是借鉴国外模式优化培养方案；三是立足社会需求推动培养定位多元化。

【关键词】 旅游教育；定位研究；本科阶段；市场定位理论

一、引言

1. 本科旅游学生对于旅游专业和行业的认知及就业情况分析

为了研究本科旅游人才对于旅游专业和旅游行业的认知，我们以某高校为样本进行了调查，发放调查问卷105份，回收102份，其中有效问卷100份。对于所学专业的满意度，其中5%的人表示满意，36%的人比较满意，33%的人不清楚，26%的人不满意。但是，对不同年级进行分析发现，大四学生的态度是35.8%不满意，30.2%不清楚，30.2%的人比较满意；而大一学生的态度是，没有不满意和非常满意的，比较满意的占45%，不清楚的占55%。综合来看，刚进入大学时对于旅游管理专业，学生的态度是比较满意或是不清楚，随着学习的深入，不满的情绪逐渐增加。对于未来是否在本行业从业，44%认为会，50%表示不会，6%的人不确定。对不同年级进行分析发现，大四的想法是66%认为不会，28%表示会，6%的人不确定；而大一的想法是61%表示会，33%表示不会，6%的人不确定。综合来看，从大一到大四，学生对旅游行业的认知经历了一个从比较满意到失望的过程。

同时，作为旅游专业培养的"终端产品"，旅游专业学生在就业时存在着严重的低进入率和高流失率问题，本科生就业时尤其如此。随着旅游业全球化、多元化的快速发展，旅游业被认为是世界第一大产业。据预测，到2020年，我国将成为世界第一大客源国和第四大旅游目的地国。旅游业迅猛发展，本应给高校旅游类专业的毕业生带来广阔的就业前景。近几年，一方面是国务院将旅游产业提升为战略性支柱产业，旅游产业快速蓬勃发展；另一方面旅游业却面临着高校旅游专业毕业生不想进入这一行业的尴尬情况。以某高校为例，表1统计数据为该高校旅游管理专业2011届毕业生就业情况或毕业去向。

表1 高校旅游管理专业2011届毕业生就业情况或毕业去向统计表

毕业去向	读研	继续考研	工作(非旅游行业)	工作(旅游行业)	其他①
人数(103)	18	8	26	6	45
比例(100%)	17.5%	7.8%	25.3%	5.7%	43.7%

从该高校的实力来看,属于"其他"之列的同学要找到工作不是很难,但是进入旅游行业的可能寥寥无几。对部分毕业生进行跟踪调查,我们发现他们工作不稳定,频繁换工作,之前从事旅游行业的也会跳槽到其他行业,但是之前从事其他行业的却很少跳槽到旅游行业。这是一个让旅游教育部门和旅游企业都头疼的问题,一方面企业需要高素质的人才,面临旅游高级人才的短缺;另一方面,旅游高等院校培养出大批的人才,却出现就业难的问题。因此,以市场需求为出发点,分析旅游教育存在的问题,这可以提供一个解决上述问题的思路。

2. 人才培养定位研究的必要性

从以上的分析可以看出,本科旅游人才对旅游管理专业和旅游行业的满意度普遍不高,与此同时,社会上同时出现了旅游企业人才匮乏与旅游人才就业难的矛盾。大学生就业难的问题需要得到关注,旅游教育存在的问题当然也值得思考,正是基于这些方面的考虑以及上述问题的严重性,本文着眼于本科阶段旅游人才培养体系,力求从本科生旅游人才培养定位这一最根本的问题入手寻求上述问题的解决方案。如何更加有效地按照市场需求对旅游专业人才培养进行定位,提高本专业学生对旅游专业和行业的满意度以及本科旅游人才在市场上的竞争力,是本文力图解决的问题。

旅游人才培养问题主要涉及培养目标、专业设置、课程内容和课程体系、师资队伍、人才培养的方式方法、人才评价等构成要素,但归根到底可以归结为两大方面的问题,即培养什么样的人和怎么样培养。而培养什么样的人是最根本的问题,它决定了如何培养这个问题,它的本质就是人才培养定位的问题。由于生产力的发展导致我们日常使用的商品逐渐地供过于求和多元化,在这样的背景下产生了市场营销的理念。同理,旅游人才的培养涉及不同的层次,包括博士、硕士、本科(包括重点一本及普通一本、二本、三本)、专科(包括高职和中专),针对不同的层次我们应该制定不同的培养目标以满足不同人群的需求,而且也能够适应社会对人才的需求。

根据菲利普·科特勒的STP理论(即市场细分—选择目标市场—市场定位)来看,前期的市场调研、市场细分和划分目标市场等的终点是定位,制定营销战略的依据也是定位,可见,定位战略的重要性。对学校教育而言,学生就是高校的产品,现今各大高校为争夺优质生源展开的竞争日益激烈,每个高校实际上都是期望社会对自己的学生有一个独特的认知,而学生(产品)在社会(市场)上的表现影响了人们对高校(企业)的认知,也就是说,学生的表现传递着本校的形象。正确的定位战略有利于塑造产品的独特性和与众不同的形象,能够使高校站在市场需求和毕业生竞争力的结合点来把握人才培养的方向,能够影响课程体系的设计、师资队伍的构建、人才培养方法的选择以及具体人才培养方案的制定。因此,研究旅游人才培养定位问题,有助于我们认清问题的本质,有助于我们从根本上解决旅游人才

---

① 其他,是指统计时还未找到工作或是出国等其他情况,统计时间为2011年5月初。

就业难与旅游企业人才匮乏的困境。

二、文献综述

对于我国旅游人才培养定位的研究,可以从两个不同的层面分别展开论述:一是高等旅游教育人才培养定位研究;二是本科阶段或是高职旅游教育人才培养定位研究。

1. 高等旅游教育人才培养定位研究

赵杰(2006)分析了我国高等旅游教育存在的问题,主要包括学科体系缺乏独立性、教育层次定位模糊、人才培养目标不明确、课程设置不合理、师资力量薄弱、教学手段落后、对旅游科研缺乏重视等问题,在此基础上提出了如下思路:第一,确立旅游学科地位;第二,明确办学层次培养目标;第三,完善课程设置;第四,加强师资队伍建设;第五,强调实践环节;第六,倡导旅游科研;第七,培育知名品牌。

张哲(2007)在全面分析我国高等旅游教育现状的基础上,寻找我国高等旅游教育存在的问题以及成因,并对影响我国高等旅游教育的因素进行分析,借鉴国外旅游教育的成功模式和经验提出相应对策和建议。

张颖霞(2010)通过具体的问卷调查和访谈了解了高等旅游教育人才培养层次定位的现状,具体分析了高职、本科和研究生阶段旅游人才培养的定位和形成原因,进而从院校内部和外部提出高等旅游教育人才培养层次合理定位的策略。

2. 本科阶段或高职旅游教育人才培养定位研究

罗兹柏和罗有贤于1997年率先提出了旅游管理高等教育培养目标的指导思想,即培养能够充分适应和引导我国旅游业发展的应用型、复合型、高素质的旅游业管理人才,并对此定位提出两点认识:①侧重理论和侧重操作都未免失之偏颇。作为本科层次的应用型专业,应更多地着眼于在学科理论的基础上,强化旅游行业实际所需管理素质和管理能力的培养。②不宜定位于为旅游行业培养输送高级管理人才。本专业实际上只能为旅游行业培养具有从事旅游业经营管理潜质潜能的高素质管理人才。周佳明(2008)以大连为例分析旅游管理本科毕业生供需错位现象,通过问卷调查等方式分析其产生的原因并提出解决的对策,其中涉及了人才培养定位的问题。郑大渊(2008)比较全面地分析了高职旅游专业人才培养的目标、定位和规格,很有针对性。余一明(2008)以广东女子职业技术学院旅游管理专业为例分析了高职教育旅游人才培养的目标定位和动态管理。

3. 文献评述

就高等旅游教育人才培养定位研究而言,学者们全面而充分地对高等旅游教育存在的问题进行了研究,其中也涉及了人才培养定位,但由于涉及的因素过多,不可能对旅游人才培养定位作出深入的研究。但是,这些研究者普遍采用的问卷调查、文献研究法、访谈法值得借鉴,而且他们通过问卷调查和访谈获取的第一手资料也为我的研究提供了宝贵的资料。就本科阶段或高职旅游教育人才培养定位研究而言,高职阶段定位的探讨比较充分和全面,而本科阶段的研究则相对较少、过时,而且即使有所涉及也不是专门的研究。而本文"本科阶段旅游教育人才培养定位研究"立足点为本科生,着眼点为旅游人才培养定位,研究的问题更加集中,探讨相应更为深入,本文能够从一个更加微观、更加深入、更加全面的角度来研究本科旅游教育的定位问题。另外,旅游本科人才是旅游人力资源的主力军,而对于本科阶段旅游教育定位研究较少,这更加说明本文研究的必要性。

三、本科阶段旅游人才定位的发展历程

1998年教育部颁发的《普通高等学校本科专业目录》中,对于旅游管理专业本科培养目标规定如下:"本专业培养具有旅游管理专业知识,能在各级旅游行政管理部门、旅游企事业单位从事旅游管理工作的高级专门人才和具备进一步从事旅游教育、科研潜力的研究型人才。"20世纪80年代至90年代,我国的旅游正在经历从大众化旅游向可持续发展旅游的转变,旅游业产生的经济、社会文化等方面的问题凸显,因此迫切需要一大批的旅游方面的学者和专家针对旅游活动产生的新问题进行研究,而我国旅游教育相对落后,因此本科阶段的旅游人才被赋予了重任,当时的"研究型人才"的定位从某种意义上来看还算是合情合理的,适应了社会对人才的特殊需求。

随后由于我国经济的快速发展以及高考的扩招和大学教育的普及化,旅游企业迅速发展壮大,旅游人才规模也得到发展。随着经济社会环境的变化,旅游学者们意识到原来的人才培养定位与现实情况发生了冲突,因此他们根据现实情况积极谋求新的出路。从1998年教育部规定的人才培养定位来看,旅游管理专业本科毕业生有四个就业方向:一是到各级旅游行政管理部门从事管理工作;二是到旅游事业单位从事管理工作;三是到旅游企业从事管理工作;四是到院校或科研机构从事教学、科研工作。近年来,前两项就业岗位数量有限,第四个方向对于旅游管理本科生10年前是现实的,但近年来该就业通道基本上被硕士、博士垄断。由于旅游企业对管理人才的需求量远远大于旅游行政管理部门和旅游事业单位,所以,对于旅游管理专业本科毕业生来说,到旅游企业从事管理工作是目前最为可行的重要选择。正是基于上述的共同认识,现在的高等院校基本上都把本科阶段的人才培养定位于培养高级管理人才或者是旅游职业经理人。本文将我国旅游管理专业排名前十名的高校的人才培养定位汇总如表2所示。

表2 我国旅游管理专业排名前十名的高校的人才培养定位

学校名称	人才培养定位或目标(本科阶段)
中山大学	将中山大学旅游学院办成国内一流、国际知名的旅游学院;为社会培养出一批复合型、应用型和国际化的高层次旅游管理人才和旅游研究人才
北京第二外国语学院	以培养国际化旅游职业经理人为目标
浙江大学	培养具有国际视野、创新能力、创业精神和社会责任的高级管理专业人才与未来领导者
云南大学	学院的发展宗旨是以工商管理类学科为基础,以旅游管理类学科为特色,成为西南地区工商管理人才的重要培养基地
东北财经大学	学院的办学特色是"以雄厚的经济学和管理学学科背景为支撑,以旅游基础理论研究和应用研究为导向,培养具有国际视野的专业人才"
华东师范大学	
陕西师范大学	

续表

学校名称	人才培养定位或目标（本科阶段）
四川大学	培养具有深厚的文化底蕴,熟练掌握旅游管理基本理论、专业基础知识和具有较高综合素质的复合型专门管理人才
桂林理工大学	实行校政企、产学研一体化的办学模式,以社会需求和旅游行业需要为导向,以培育高素质的复合型实用人才为中心,建成学科层次齐全、西南一流、国内知名的旅游高等教育基地
南开大学	

从上述总结可以看出,各大高校基本上摒弃了教育部 1998 年规定的"研究型人才"的定位,立足于市场经济、面向世界,转而以高级管理者或国际化的人才作为定位。但是,现阶段旅游人才在就业时存在着严重的低进入率和高流失率问题,这引起我们对于面向市场定位及其相关落实方案的思考,甚至是对于人才培养定位的重新思考。

四、本科阶段旅游教育定位研究

本文将结合市场定位理论与社会现实,从三个方面来分析存在的问题:一是评价目前本科阶段旅游教育以高级管理者为定位的合理性;二是根据现实需求以旅游规划者等作为定位的合理性;三是从旅游教育的决策者和咨询者的角度来思考人才培养问题。

1. 以高级管理者为定位

随着市场经济的发展、改革开放的深入,旅游业逐渐发展壮大,旅游业的核心产业如旅行社业、酒店业、景区景点在数量上得到迅速的增长,在质量方面都得到了快速的提高。行业的快速发展必然需要人才作为支撑,因此各大高校由"研究型人才"的定位向"高级管理者"的定位转变,从市场定位市场导向的原则来看,这应该是合理的,应该能促进行业的发展。从需求和供给的角度来看,对高级管理人才的需求不断增加,而供给方面却不是以相同或是更高的速度增长,即使考虑旅游高级管理人才的替代者(如工商管理人才)的增长,我们面临的仍然是供不应求的局面,这种供不应求的状况必然导致供给方面即旅游教育的发展。政府调控和市场供求关系确实加速了旅游教育的发展,但是市场供求的矛盾关系仍然没有得到解决。从逻辑上来看,我们很容易得出这样的结论:旅游高级管理人才的定位没有错,但是我们旅游教育的发展却没能解决旅游管理人才短缺的问题。

世界上旅游教育主要有三种代表模式,分别是瑞士的洛桑模式、美国的康奈尔模式和喜来登饭店管理公司模式。瑞士洛桑酒店管理学院的目标是,为国际接待业,尤其是世界一流的酒店、餐馆和连锁饭店培养高层管理者。美国康乃尔大学的目标是,为全球培养 21 世纪招待业的领袖。喜来登饭店管理公司把员工培训当作企业管理重要的一部分,通过培训和合理的晋升通道使高级管理者的需求得到保证。同样是为市场培养高级管理者,而且培养定位也都是相同的,但国内和国外旅游教育的效果却不一样。这更让我们坚定地认为,我们的培养定位是正确的,但是我们的培养方案可能有待改善。

2. 以旅游规划者、旅游策划者、旅游投资者等作为定位

当经济处于快速发展时期,旅游业也一并繁荣,对旅游企业管理者的需求量也是大大增

加。本科阶段旅游教育人才培养"高级管理者"的定位,主要着眼于为酒店、旅行社、景区等行业培养管理人才,这充分体现了定位的市场导向的原则。但定位除了依据市场导向的原则之外,我们还要考虑差异化、个性化和动态调整的原则。

随着社会的进一步发展,虽然我们仍然需要大量的管理人才,但是我们同时也需要大量的旅游规划、旅游投资、旅游策划等人才,这些职业作为旅游行业的智业能够影响整个旅游业的发展,这些行业能够决定景区的开发与建设,能够影响旅游行业的招商引资及推动行业向更高层次发展。现实发展中上述行业都存在巨大的人才缺口,这也为我们的旅游专业人才培养提出了新的目标和要求。从新时空创意筹谋工作室统计的资料来看,截止到2011年,就旅游规划院而言,全国共有甲级旅游规划资质单位65家,乙级140家,丙级100多家及未获等级的规划公司55家左右。在百度招聘上搜索关键词"旅游规划 招聘",能够得到394条招聘信息;而在专业的人才网站(如智联招聘、中华英才网等)能找到更多的招聘信息。从上面的数据我们可以看出,旅游规划单位比较多,而且人才紧缺。如果把高等旅游教育定位于培养满足社会需要的人才,那么我们的旅游教育应当培养这方面的人才。

虽然不可能所有的院校都会改变培养定位,但是部分重点本科院校有责任也有实力把培养目标转变为旅游规划人才。如果我们不去培养这方面的人才,上述规划单位的人才需求得不到满足,其智力支撑作用得不到充分的发挥,整个旅游行业的发展将要受阻。如果部分院校以此作为定位的话,旅游教育就能为整个行业提供必要的智力支持,而毕业生在就业市场上也更加具有竞争力。从市场定位的差异化、个性化和动态调整的原则出发,我们可以得出"旅游规划者"定位是合理的,而上述旅游智业人才的供需状况的分析也从实践的角度论证了新增定位的可行性。

3. 从旅游教育的决策者和咨询者的角度来思考人才培养问题

在中国旅游界,旅游教育涉及人才培养方面的决策者和咨询者往往是同一类人:这些人以学者的身份参与旅游研究,在这个学而优则仕的环境中,他们凭借自身的能力由纯粹的专家学者向专家学者兼领导者转变,完成了由旅游咨询者向旅游咨询者兼决策者的转变。例如吴必虎现任北京大学旅游研究与规划中心主任,保继刚现任中山大学地理科学与规划学院院长和旅游学院院长,邹统钎现任北京第二外国语学院旅游管理学院院长;他们是国内甚至国外都享有赫赫声名的旅游界专家学者,同时他们也是我国著名旅游院校或机构的负责人。他们对于中国旅游教育现状都有自己全面的思考,除了确立旅游教育人才培养定位与目标,还提出一整套完整的培养方案,而且凭借着个人作为决策者的地位将方案付诸实施。

邹统钎等人于2009年提出了国际合作与产学研一体化相结合的旅游人才培养的"钻石型"模式,认为开放的实习机制、综合课程体系、创新科研氛围和国际合作机制这四个方面的因素能保证人才培养的质量,而政府的支持和社会的认可则是重要的影响因素。当年11月,邹统钎等人在第二届中俄旅游教育论坛上提出了"全球旅游产业领袖"培养模式,并把培养全球旅游产业领袖作为北京第二外国语学院研究生的定位。马勇等人于2005年以湖北大学旅游管理专业为例实施了"四轮驱动型"这一人才培养模式,通过教学效果、实践效果、就业率、大赛获奖率、学生科研能力和学习工作能力对学生进行评估,与此同时也通过其他数据对教师质量、科研成果、专业建设、课程建设、教材建设等进行评估,并肯定了实施的效果。之后,马勇、刘名俭等人从实践出发将"四轮驱动型"人才培养模式上升到理论高度,对这一模式进行了全面的分析,从我国旅游产业现实状况和未来发展对旅游管理专业的人才需求出发,构建了旅游高等教育"四轮驱动型"人才培养模式的多级要素系统,并提出了保证其高效运行的综合保障体系。

从以上的分析来看,中国旅游教育人才培养定位及模式总体上都是旅游行业的决策者兼咨询者提出并付诸实施的,决策者和咨询者双重身份的结合可以保证人才培养模式的有效性和方案实施的持续性。虽然咨询者承担决策者的工作会导致咨询者时间上的浪费、研究不能深入,但是旅游行业是一门应用型的学科,旅游研究需要将理论与实践相结合。总之,咨询者和决策者的结合,保证了咨询者和决策者目标的一致性以及方案实施的有效性。

五、建议与对策

为了提高本科旅游人才对旅游专业和行业的满意度,解决旅游行业人才的低进入率和高流失率的问题,我们以旅游教育为立足点,可以从以下三个方面来着手:一是运用心智认知规律提高满意度;二是借鉴国外模式优化培养方案;三是立足社会需求推动培养定位多元化。

1. 运用心智认知规律提高满意度

与发达国家相比,我国服务业发展比较滞后,其中一个重要的原因是人们对服务业存在一种歧视心理。中国素有轻商、歧视服务行业的传统,认为服务业是伺候人的工作,是很低贱的工作,而酒店业甚至被认为是不阳光、不规范的行业。正是因为偏见的存在,所以旅游管理专业的毕业生不选择在本行业从业。

从心智认知规律(该规律包括如下几个方面内容:消费者只能接收有限的信息,消费者喜欢简单,消费者缺乏安全感,消费者对品牌的印象不会轻易改变,消费者的想法容易失去焦点)来看,旅游院校可以通过"营销"来打造自己的品牌,消除对服务业的偏见。首先,旅游院校要把消除偏见当作一项工作来做,要重视这项工作。如果对专业或是行业存在偏见,学生们在学习期间就不会认真对待,在选择工作时也会持排斥态度,因此,消除偏见是一项基础性工作。其次,在制定消除偏见的方案时,要充分考虑到学生的思维模式,利用好心智认知规律,只有这样,才能做到事半功倍。例如,针对学生对于未来职业的担忧,学院可以邀请一些优秀校友分享工作经验,进而消除学生的顾虑。根据本文第一部分调查所得数据来看,从大一到大四,同学们对旅游行业的认知经历了一个比较满意到失望的过程。而由心智认知规律来看,从事实到认知有一个过程,因此,在入学之初学院要正确引导学生看待旅游专业和行业,不断提升学生对于旅游专业和行业的满意度,不断强化既有的认知和观念;在大学中期及后期,学院也要通过各种途径纠正学生对于旅游业的错误认知,使学生对旅游业保持满意的态度。

2. 借鉴国外模式优化培养方案

肖洪根指出,中国旅游教育以教师为中心,并分析其弊端:不同层次的教育差别很小,造成课程设计的重叠和浪费;在旅游教育实践中缺乏标准化;存在学科歧视,过分重视酒店接待业;学术教育和职业教育的不平衡。王杰和 Jeremy Huyton 等人通过比较中国和澳大利亚在本科层次旅游专业课程体系方面的设置,指出中国的课程体系比较僵化、过时,而且把旅游教育定位为受旅游影响的商业(business with a tourism influence);而澳大利亚的课程体系则很有弹性,注重整体研究,把旅游教育定位为受商业影响的旅游专业(a tourism specialization with a business influence)。另外,专业方向涉及酒店管理、旅行社管理、会展管理、旅游规划,但每个方向研究都够不深入;教学过程中,对实践重视不充分,学生一些必备的工作素养得不到培养。

洛桑模式、康奈尔模式和喜来登饭店管理公司模式是旅游教育的模范代表,它们的实践经验值得我们学习和借鉴。洛桑模式的特色体现在两个结合:一是理论和实际的结合,二是书本知识和实际操作的结合。这种结合具体体现在以下几个方面:第一,以店校合一的形式,注重传统与现实的衔接、理论与实践的结合,强调实践教学,力求在学习中掌握饭店工作的技能;第二,师资建设注重行业经验,洛桑教师的"教师—酒店(或集团公司)—教师"模式使教师不脱离经营管理实践,教学始终与行业接轨,保证了"洛桑模式"的生命力;第三,构建专业理论与应用理论、教育理论有机结合的课程体系,根据旅游业发展需要,不断更新和优化课程内容,注重基础,强调实践同时突出创新。康奈尔模式的主要特点是:以综合性的大学为依托,根据旅游业综合性很强的特点,在课程设置、学时分配等方面充分体现既注重基础理论又尊重学生个性发展的特点;以工作素养为导向设计课程,并允许学生对课程广泛选择,掌握一技之长兼顾全面发展,把广博与精深、理论与实际有机结合起来。喜来登模式的特点是把企业当作学校,把员工当作学生,以培训为手段开展教育,强调学与用的结合。

由于中国国情的特殊性,我们不可能完全照搬国外的旅游教育的实施方案,我们需要结合我国旅游教育存在的问题,借鉴国外模式的精髓,形成一套我们自己的培养方案。因此,对于高级管理者定位的本科旅游院校,我们可以提出如下建议:一是平衡理论学习与社会实践。Fabio Zagonari 运用最优均衡理论分析理论与实践不均衡的问题,指出平衡旅游教育中的理论学习和社会实践是可能的,而且这对于学生、企业、政府、学校都是有利的。不能过分强调理论,否则,会导致本科教育理论化、学术化;也不能过分强调实践,否则,会导致本科教育趋于职业培训;仅仅意识到旅游教育中理论与实践相结合是不够的,更为重要的是通过协调各利益相关者之间的关系达到理论学习与社会实践的平衡。二是采取"送出去,请进来"等多种方法,积极培养"双师型"教师。从上述两方面的对比来看,我国酒店业教育与洛桑酒店管理学院最大的差距在师资。教师每隔三五年要回到企业里去,以不断丰富自己的经营信息,调研经营中出现的新问题,从而不断地更新学校的教学内容、提高教学质量。三是以工作素养和能力培养为导向设计课程。课程体系的设计要具有灵活性,在使学生掌握一技之长的基础上兼顾全面发展,要注重整体研究,强化旅游核心课程的设计。四是强化对旅行社、景区、会展等管理人才的培养。高等旅游院校的高级管理者定位,实际上是以培养酒店管理人才为主,这也是我们旅游教育"存在学科歧视,过分重视酒店接待业"的一个反映。因此,我们千万不能忽略了旅行社、景区、会展等行业的需求。只要我们用心去做,我们就有可能创建出世界闻名的旅行社管理学院、景区管理学院和会展管理学院。

3. 立足社会需求推动培养定位多元化

定位应该体现出层次性、差异性和动态性,本科阶段的教育可分为三本、二本、一本,而一本又可分为普通本科和重点本科。由于学生素质、教学资源、办学层次等的不同,本科阶段的旅游教育的定位不应该局限于高级管理者,而应该以开放性的思维,立足社会需求,根据自身条件,形成多样化、差异化的定位。Pauline Sheldon, Chris Cooper 等人在 Modul 大学的一次高峰会议上展望 2010~2030 年旅游业的全球趋势及其影响的基础上,提出了旅游教育体系必须依赖的价值观,其中强调了文化多样性、多元主义及教育的多样性。因此,部分重点本科院校将定位改变为培养旅游规划者、旅游策划者、旅游投资者等智业人才势在必行。

首先,旅游局等政府部门要意识到旅游规划、旅游投资、旅游策划等人才的重要性,对于部分开展旅游规划人才培养的院校给予积极的支持。旅游智业人才的培养有助于整个行业的发展,有助于更好地开发景区、更好地保护环境、更好地增加经济效益。因此,要积极支持旅游智业人才的培养。其次,对于将培养旅游智业人才作为定位的院校,其课程内容和课程体系、师资队伍、人才培养的方式方法、人才评价等各个方面都要与培养目标相符合,促进目标的实现。最后,旅游规划人才是属于复合型专业人才而不是复合型通才。由于旅游行业的综合性,所以要注意课程体系的广博性。但是,旅游智业人才又属于专业性人才,所以一定要把握好课程体系的深度。例如,旅游规划人才要既懂旅游又懂规划原理、旅游投资人才要既懂旅游又懂金融学,因此要合理地设计课程体系,做到广博与精深的融合。

(作者单位:郑州大学 旅游管理学院 郑州 450006;北京第二外国语学院 旅游管理学院 北京 100024)

参考文献

[1] 菲利普·科特勒,凯文·凯勒,等. 营销管理[M]. 北京:中国人民大学出版社,2009.

[2] 赵杰. 我国旅游高等教育现状与对策研究[D]. 中国地质大学(北京),2006.

[3] 张哲. 我国高等旅游教育的发展和模式研究[D]. 青岛:中国海洋大学硕士学位论文,2007.

[4] 张颖霞. 高等旅游教育人才培养层次定位研究[D]. 沈阳:辽宁师范大学硕士学位论文,2010.

[5] 罗兹柏,罗有贤. 本科旅游管理专业培养目标与课程体系设计再研究(纲要)[J]. 旅游学刊:旅游教育专刊,1998:69-72.

[6] 周佳明. 旅游管理本科毕业生供需错位现象分析与对策——以大连为例[D]. 沈阳:辽宁师范大学硕士学位论文,2008.

[7] 郑大渊. 高职旅游管理专业人才培养目标规格与定位研究[J]. 黑龙江高教研究,2008(4):97-98.

[8] 余一明. 刍议高职教育旅游人才培养的目标定位和调适——以广东女子职业技术学院旅游管理专业为例[J]. 武汉职业技术学院学报,2008,7(4):38-40.

[9] 朱美光. 旅游管理人才培养:以职业经理人为导向[J]. 创新科技,2010:28-29.

[10] 邹统钎,刘军,王小芳. 高等旅游专业人才"钻石型"培养模式研究[J]. 北京第二外国语学院学报,2009,31(11):79-82.

[11] 邹统钎,郑亚娜,张芳. "全球旅游产业领袖"培养模式探讨[C]//. 第二届中俄旅游教育论坛论文集,2009,11:10-23.

[12] 周霄,刘名俭,马勇. 旅游高等教育"四轮驱动型"人才培养模式初探[J]. 当代经济,2007(6):66-67.

[13] 马勇,魏卫,邓念梅. 旅游管理专业人才培养模式构建与实施效果评估[J]. 旅游学刊,2006,21(Z1):62-66.

[14] Honggen Xiao. China's Tourism Education into the 21st Century[J]. Annals of Tourism Research,2000,21(4):1052–1055.

[15] Jie Wang,Jeremy Huyton,Xiaochun Gao,Helen Ayres. Evaluating Undergraduate Courses in Tourism Management:A Comparison Between Australia and China [J]. Journal of Hospitality, Leisure, Sport and Tourism Education , 2010, 9(2):46–62.

[16] 刘伏英."洛桑模式"对我国高校酒店管理专业教学的启示[J].中国高教研究,2005(8):78–79.

[17] 史灵歌. 中外旅游专业人才培养模式比较研究(2009). International Summit on Globalization of Chinese Higher Tourism Education, Shanghai,June 20–21,2009.

[18] Fabio Zagonari. Balancing Tourism Education and Training[J]. International Journal of Hospitality Management ,2009,28:2–9.

[19] Pauline Sheldon, Dan Fesenmaier, Karl Woeber, Chris Cooper, Magda Antonioli. Tourism Education Futures, 2010–2030:Building the Capacity to Lead[J]. Journal of Teaching in Travel & Tourism ,2007 ,7(3):61–68.

旅游景区职业经理人能力素质模型的构建[①]

邹统钎　徐慧君　余繁华

【摘　要】 职业经理人作为企业人力资源的重要组成部分,是企业的核心竞争力。旅游景区的快速发展更需要具有能力的旅游景区职业经理人的介入。文章通过解读旅游景区职业经理人在实现旅游景区价值方面的重要作用,对旅游景区职业经理人应具有的能力进行剖析,构建了旅游景区职业经理人能力模型,以期对促进旅游景区职业经理人的培养方向以及旅游景区价值的实现有一定的指导意义。

【关键词】 旅游景区;职业经理人;能力素质;模型

一、引言

国务院在2009年41号文件中提出"要培育旅游职业经理人市场",实施标准化引领战略,促进旅游服务质量、管理水平和产业竞争力的全面提高。职业经理人作为企业人力资源的重要组成部分,是企业的核心竞争力。有资料显示,企业每增加一个劳动力,可以取得1∶1.5的经济效果;增加一个技术人员,可增加1∶2.5的经济效果。但增加一个有效的职业经理人,可以取得1∶6的经济效果。由此可见,一个企业能否健康发展很大程度上取决于职业经理人能力素质的高低。

改革开放以来,作为旅游产业价值链的重要终端产品及旅游业四大支柱之一的旅游景区得到飞速发展。根据中国旅游景区发展报告,目前我国旅游景区数量已超过2万处。然而,在旅游景区发展的同时,旅游景区管理者自身综合素质和专业知识的限制导致一部分景区过度或盲目开发。一个旅游景区能否获得经济、社会和环境效益最佳化,关键在于经营管理,而经营管理的关键在于人。随着现代企业制度下旅游景区所有权与经营权的分离,旅游景区职业经理人随之进入旅游景区市场。优秀的旅游景区职业经理人不仅有助于提高景区的经营管理效率,保护环境和资源,实现可持续发展,而且能够获得更好的经济效益和社会效益。

[①] 本研究得到"旅游管理国家级特色专业"项目、国家级精品课程"旅游景区经营与管理"的资助。

二、旅游景区职业经理人概念界定

目前,对旅游景区职业经理人的界定尚无标准。胡宏峻(2004)认为,旅游景区职业经理人,是指具备旅游景区经营管理能力、业务技能和实践经验,运用现代经营管理知识、方法和手段,从事旅游景区合法经营和管理的人员。高月娥(2010)结合《职业经理人职业标准》,指出现代企业制度下旅游景区所有权与经营权的分离,是旅游景区职业经理人产生的前提。高月娥认为,景区职业经理人,是指在所有权和经营权(包括管理权)分离后的旅游景区企业中,由旅游景区企业在职业经理人市场中聘任,以旅游景区企业经营管理为职业,并且能够运用全面的经营管理知识和丰富的管理经验,独立对旅游景区进行经营、管理的人。此概念包括三个条件:一是旅游景区职业经理人所在的景区企业是所有权与经营权分离的企业,这是职业经理人产生的基础;二是经理人员必须从职业经理人市场中聘任,以旅游景区企业的经营管理为职业;三是经理人员能够独立对旅游景区进行经营和管理。符合以上三个条件的才能界定为旅游景区职业经理人。本文采用高月娥对景区职业经理人的界定。

三、能力素质基础模型

能力素质模型最早由麦可利兰(McClellan)提出,是指担任某一特定的任务角色所需要具备的能力素质的总和。模型将人的能力素质划分为六个层面:知识(Knowledge)、技能(Skills)、社会角色(Social Role)、自我概念(Self Concept)、特质(性格)(Characteristics/Disposition)和动机(Motivation)。麦可利兰认为,人的能力素质可以被形象地描述为漂浮在海面上的冰山,知识和技能属于海平面以上的浅层次的部分,而社会角色、自我概念、特质、动机属于潜伏在海平面以下的深层次的部分。真正能够把优秀人员与一般人员区分开的是深层次的部分。

美国学者莱尔·M.斯潘塞和塞尼·M.斯潘塞博士(Lyle M. Spencer & Signe M. Spencer)则从特征的角度,把不能区分优秀者与一般者的知识与技能即裸露在水面上的表层部分称为基准性素质(Threshold Competence),而把潜藏于水下的深层部分的素质称为鉴别性素质(Differentiating Competence)。

四、旅游景区职业经理人能力素质模型

本文以McClellan的能力素质模型及Spencer的素质冰山模型为基础,构建了旅游景区职业经理人能力素质模型,如图1。水平面将旅游景区职业经理人能力素质分为上下两个层面:基准性素质和鉴别性素质。

1. 基准性素质

(1)知识

旅游景区职业经理人需要掌握从事旅游景区行业管理的专业背景和相关知识,如景区资源整合、景区产品开发、项目策划及财务知识和管理理论等,还要能对景区市场进行分析和定位,清楚景区所处的地理位置和景区的交通情况。知识是考察旅游景区职业经理人能力素质的重要方面,也是区分旅游景区职业经理人与其他职业经理人的素质之一。

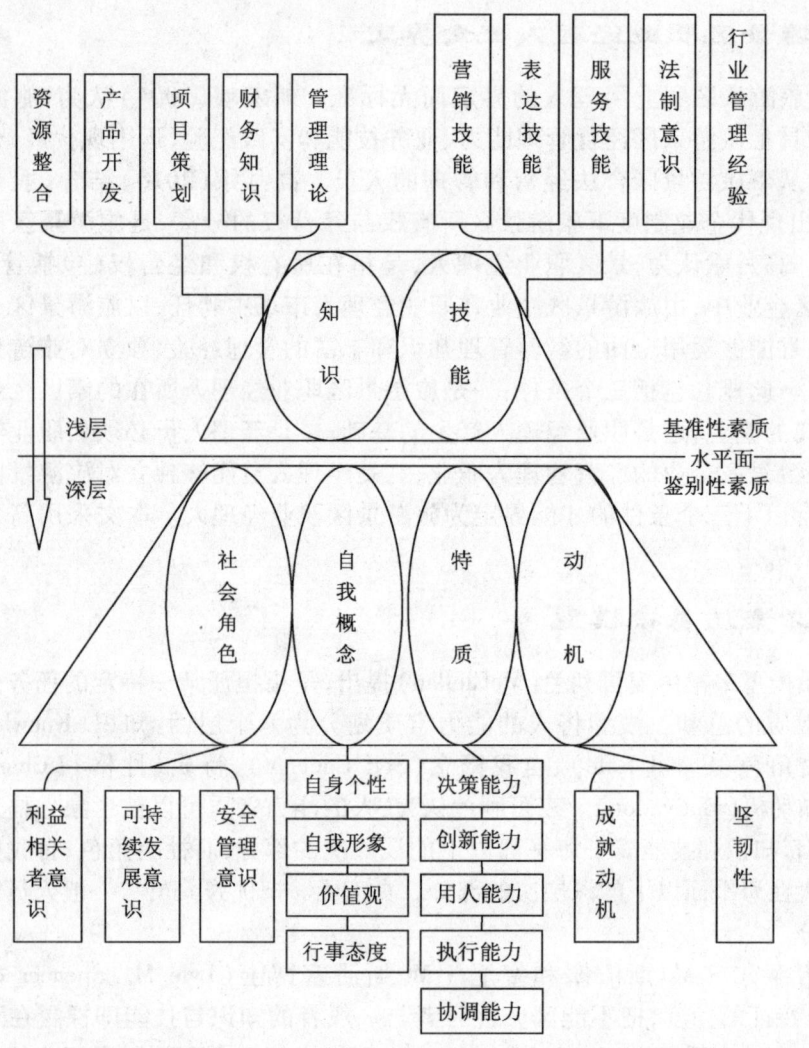

图1 旅游景区职业经理人能力素质模型

(2) 技能

一名合格的旅游景区职业经理人需要具备多方面的专业技术能力,包括掌握一定的营销技能、表达能力、服务技能,有较强的法制意识,并拥有一定的行业管理经验等。

①营销技能。"酒香不怕巷子深"的时代已渐行渐远。为吸引潜在目标市场、扩大客源,旅游景区与其他产品一样也需要进行营销。景区职业经理人需要熟练掌握营销策略、明确营销环境,并能够运用各种营销手段,对现有和潜在游客进行分析了解,通过一系列营销活动扩大景区知名度,促进景区不断的发展。

②表达技能。作为企业的管理者,景区职业经理人不可能事必躬亲,而分权授权等命令的传达都需要良好的沟通表达能力。同时,作为景区的重要代言人,无论书面还是口头的表达能力都是景区对外形象的代表。此外,随着国际化进程的加快,国际营销推广的必要性也与日俱增,外语交流能力的重要性也日益凸显。

③服务技能。服务技能不仅是基层一线人员需要具备的技能,作为管理者的景区职业经理人同样需要具备。只有掌握必要的服务技能,才能更有效地管理和运营旅游景区。同时,景区职业经理人还需寓管理于服务之中,具备积极、主动的服务意识,才能增加游客满意度,提高游客重游率。

④法制意识。一方面,景区的任何经营管理活动都必须以法律法规为基础,在法律允许的范围内按景区所有者的规则办事。同时,景区职业经理人也需能够利用法律法规保护景区的合法权益。例如,目前景区商标被抢注屡屡发生,这反映出景区管理者相关法律意识亟须增强。具备相关法律知识和意识,也是景区职业经理人所需具备的重要素质之一。

⑤行业管理经验。经验是管理者的重要财富,对景区职业经理人而言同样重要。具有景区管理经验的职业经理人往往能在以往的工作中汲取经验教训,在较短时间内带领景区健康发展,少走弯路错路。

2. 鉴别性素质

(1) 社会角色

人在社会和组织中总要扮演一定的角色,承担某种责任,其关键是给自己进行怎样的角色定位。社会角色通俗地来说,就是社会责任。作为景区的管理者,职业经理人需要承担的社会责任主要包括:需要具备利益相关者意识、景区可持续发展意识及安全管理意识。

①利益相关者意识。旅游景区的利益相关者包括景区所有者、景区员工、当地政府、游客、相关竞争企业以及周边社区居民。合格的职业经理人不仅要注重景区自身的发展,保护旅游景区所有者的利益,更要协调利益相关者的需求、权利和期望,确保景区利益相关者共同的权益,以推动旅游景区的健康运行与稳定发展,构建和谐运营环境。

一方面,职业经理人要积极进行景区自身建设,激励员工,增强景区凝聚力;另一方面还要争取当地政府的支持和指导;保障游客的游览利益;与相关企业开展正当竞争,密切合作;为居民创造良好的生活环境,提供社区参与机会,使社区发展与景区发展同步。

②可持续发展意识。旅游景区的可持续发展是当今旅游界备受关注的课题,因而景区职业经理人在管理景区的同时要特别注重景区的可持续发展。景区职业经理人应根据景区资源的不同类别和属性,在其承载能力和旅游环境容量限度内,协调资源开发,科学、合理地规划、开发与保护好珍贵的景区资源,实现旅游资源的开发利用在满足当代人需求的同时保证后代人能公平享用景区资源的权力,满足后代人旅游和开发旅游业的需求。具体做法如下:设施设备要低碳环保,注重景区容量的控制,运用绿化管理和卫生管理,注意野生动植物的保护与管理。

③安全管理意识。"没有安全,没有旅游。"旅游安全是旅游业发展的"生命线"。有了安全,游客和员工的生命和财产才能不被损害和侵犯,景区的生产经营才能顺利进行,才能创造良好的效益。随着旅游业的蓬勃发展,旅游景区的安全问题也随之频繁发生。作为景区职业经理人,为尽量避免和减少安全事故的发生,对景区的安全管理不仅仅是制定制度,更重要的是应该具有安全意识,严格执行相关制度,加强防范,同时加强对游客安全意识的教育和引导,保证游客的人身和财产安全。

(2) 自我概念

自我概念即自我认知能力,即对"我是一个什么样的人,擅长做什么,什么时候最有成就感、自豪感和幸福感,有哪些优缺点,应该成为一个什么样的人"等,有清醒和正确的认识。

具体内容包括自身个性、自我形象、价值观和行事态度。作为一名管理者,职业经理人对自身的认识越清晰,越能扬长避短,发挥在景区管理中的优势,减少不必要的困惑。

(3)特质

特质指一个人具有的突出他人的能力和品质。作为景区职业经理人需要具备的特质主要包括决策能力、创新能力、用人能力、执行能力。

①决策能力。决策能力是管理者为维持企业生存必须具备的素质,是领导者知识素质的综合体现。西方决策理论学派的代表人物赫伯特西蒙认为,管理就是决策,决策是管理的核心。对景区管理而言,决策主要表现在能够制定正确的景区发展战略。因为战略是景区生存、发展的前进方向。没有正确的战略作指导,景区的发展必然是盲目无序的。因此,作为高层管理者,景区职业经理人应把自己的主要精力放到制定和实施景区经营发展战略上来。

②创新能力。景区的发展来自于创新。作为特殊的旅游产品,旅游景区不可避免地存在生命周期现象。为了避免景区走向衰败,作为景区职业经理人需要具有创新意识。只有这样,旅游景区才能推出吸引游客的旅游产品和项目,使景区具有经久不衰的吸引力。

③用人能力。任何景区的发展都离不开优秀的人力资源和人力资源的有效配置。人力资源战略作为景区发展总战略的重要组成部分,对实现景区发展的总体战略起着巨大的支持和推动作用。作为景区职业经理人,不仅要对现有人才进行培训提升,留住和发展人才,而且要以公平竞争的方式从外部寻找、发现人才。这样才能为景区的发展提供有力的人力支持,保持景区强劲持久的生命力。

④执行能力。没有执行力就没有企业的竞争力。执行力强表现在层层解码准确无误,没有衰减,层层执行不折不扣,分工具体,落实到位,检查到位,严格标准。"令行禁止,快速反应。"对于景区职业经理人而言,要能够对外界有利于景区发展的经验进行借鉴、利用,然后采取坚决而果敢的行动。当然,果敢快速的行动往往潜伏着一定的风险,这就要求旅游景区职业经理人还需要拥有冒险精神,敢冲敢闯,同时具有敢于承担责任的气度和胆识。

⑤协调能力。景区是一个统一协作的整体,任何一个环节出差错不仅会引起游客不满,甚至会给整个景区带来不可估量的损失。为了使景区顺畅地运营,景区职业经理人需要具有较强的协调能力,才能使景区协调统一,有序地向前发展。

(4)动机

动机是人们一切言行、决策、决定的出发点,是人的巨大潜能,也是人最难以开发的一种能力。它主要包括两点:一是成就动机,二是坚韧性。

①成就动机。成就动机是个体追求自认为重要的有价值的工作,并使之达到完美状态的动机,即一种以高标准要求自己力求取得活动成功为目标的动机。具有这种动机因素的景区管理者拥有愿景和目标,并努力为这一愿景和目标工作,战胜管理中的种种困难和障碍,使景区朝着健康方向发展,从而成为一名合格的职业经理人。

②坚韧性。景区职业经理人要想实现景区发展的战略目标,除了确定正确的成就动机外,在整个执行过程中还需要坚韧性和永不言弃的决心,遇到困难不会轻易妥协,而是想方设法找出解决之道。

五、结语

目前,中国旅游景区正在走向市场化和企业化。建立旅游景区职业经理人制度,选择合适的旅游景区企业的职业经理人,无论是从旅游景区的可持续发展的角度,还是旅游景区经济和社会效益的角度,都尤为重要。专业的知识和技能,准确的社会角色定位,清晰的自我概念,超出常人的特质和坚韧的动机能力,共同构成旅游景区职业经理人必需的能力素质。文章构建旅游景区职业经理人能力素质模型,以期为旅游景区职业经理人的评价提供可以借鉴的思路和方法,为景区工作分析、人员招聘、员工培训以及职业规划等方面提供依据,同时希望对素质模型理论在旅游景区职业经理人评价应用及职业能力的研究方面提供借鉴意义。

(作者单位:北京第二外国语学院　旅游管理学院　北京　100024)

参考文献

[1] 国务院. 国务院关于加快发展旅游业的意见[EB/OL]. (2009 – 12 – 03)[2010 – 08 – 03] http://www.gov.cn/zwgk/2009 – 12/03/content_1479523.htm

[2] 何昌盛. 物流企业管理人员胜任力模型研究[J]. 物流技术,2009(28):155 – 157.

[3] 胡宏峻. 成为职业经理人[M]. 上海:上海交通大学出版社,2004.

[4] 高月娥. 旅游景区职业经理人胜任力评价研究[D]. 青岛:中国海洋大学,2010.

[5] Schippmann J S, Ash R A, Battista M, et al. The Practice of Competency Modeling[J]. Personal Psychology, 2000,53(3):703 – 704.

[6] 余子萍. 旅游景区职业经理人管理能力的构建研究[J]. 产业与科技论坛,2010(9):222 – 224.

高校拔尖创新人才培养模式研究[①]

邹统钎　吴琼瑶　吴婷婷

【摘　要】　随着《国家中长期教育改革和发展规划纲要(2010—2020)》的出台,培养拔尖型创新人才已成为我国教育工作的一项战略任务。本文选取了四个典型的创新实验班,以及四个典型的发达国家,分别从培养目标、课程体系、培养方式、教育模式、师资力量以及科研实践等方面,比较了国内、国外拔尖创新人才的培养模式,并据此对北京市拔尖创新人才的培养模式提出一些建议。

【关键词】　拔尖创新人才;培养模式;北京

十六大报告中指出,继续实施人才强国战略,要全面贯彻党的教育方针,"造就数以亿计的高素质劳动者,数以千万计的专门人才和一大批拔尖创新人才"。在《国家中长期教育改革和发展规划纲要(2010—2020)》中,明确提出"要遵循教育规律和人才成长规律,深化教育教学改革,创新教育教学方法,探索多种培养方式,形成各类人才辈出、拔尖创新人才不断涌现的局面"。因此,培养拔尖型创新人才已成为我国教育工作的一项战略任务,如何建设高素质的教师队伍,创新人才培养模式,是未来我国高等教育的一个核心问题。

一、拔尖创新人才概念和特征界定

创新型人才,是指具有创新精神和创新能力的人才,通常表现出灵活、开放、好奇的个性,具有精力充沛、坚持不懈、注意力集中、想象力丰富以及富于冒险精神等特征。

拔尖创新人才,是指在创新人才培养基础上,在各个领域特别是科学、技术和管理领域,有强烈的事业心和社会责任感,有创新精神和能力,为国家发展作出重大贡献,在我国特别是在世界领先的带头人和杰出人才。

拔尖创新人才具备创新人才的所有特征,但"拔尖创新"不能简单分拆成"拔尖"+"创新","拔尖创新人才"在我国已有了特定的意义。所谓拔尖创新人才,指层次特别高、数量少的尖端创新人才,他们是各个专业领域的领军人物,有较强的创新精神和创新能力,为社会发展和科技进步作出杰出贡献的人才。

拔尖创新人才包括科学研究型的高层次创造性人才、应用研究型的高技术创新人才和某一专业领域有特长的高级专门人才。拔尖创新人才基本的素质特征为具有合理的知识结构、较强的创新能力和实践能力及良好的非智力因素。培养一大批拔尖创新人才,是增强我

[①]　本研究得到"旅游管理国家级特色专业"项目资助。

国国际竞争力的关键因素。大学作为拔尖创新人才培养的重要基地，必须努力实施教育创新，注重个性培养，构建多元化的拔尖创新人才培养模式，探索拔尖创新人才脱颖而出的创新机制，营造拔尖创新人才成长的有利条件和环境。

二、拔尖创新人才培养模式文献回顾

1. 对国内拔尖创新人才培养模式的文献回顾

在人才培养环节中，最关键的是人才培养模式。对于高校拔尖创新人才培养模式，我国已经进行了一些有益的探索。其中，有以"实验班"如中国科技大学少年班、清华大学基础班、北京大学元培学院、南京大学匡亚明学院、兰州大学基地班、四川吴玉章学院为载体探索拔尖创新人才培养模式的（徐昕，2011；张永雷，2011；陈金江，2010；张红伟，刘黎，高博，2009），提出了"2+2"人才培养模式、三三制模式（刘粤湘，胡轩魁，吴艳，薛梅，2011）、竺可桢学院的交叉混合模式、匡亚明学院的大学科模式、元培学院的自由教育模式、启明学院的主动实践模式等（陈金江，2010）。也有以不同学校学科为载体探索拔尖创新人才培养模式的，如西北农林科技大学的"2+X"人才培养模式（陈遇春，王国栋，2011）、华南理工大学的研究型大学拔尖创新人才培养模式（李元元，2011），还有专门探索经济学拔尖人才培养模式的（丁凯，2011）。

人才培养模式是以教育思想和理念为指导，为实现人才培养目标而设计的培养方式和途径的有机组合。它包括目标定位、课程体系、教学方式、实践环节、管理运行机制等人才培养过程中的核心要素。我国各实验班的人才培养目标大都是意在培养一批具有较强创新意识、创新能力、创新精神的本科拔尖创新人才，作为未来领军人物的后备军（徐昕，2011）。研究型大学课程体系的设置一般都要求打破学科之间的界限，建立跨学科及文理渗透的课程体系，做到通识教育与专业教育并重、科学教育与人文教育并重（李元元，2011）；在教育方式上多采用探究式、研讨式的研究型课堂教学模式（李元元，2011；洪大用，2010）；在实践环节上，注重科学研究能力的培养和锻炼（张永雷，2011）。

2. 对国外拔尖创新人才培养模式的文献回顾

我国对国外拔尖创新人才培养模式的研究，主要集中在对美国、法国、德国、英国、日本等发达国家的人才培养模式的经验借鉴上。其中研究比较多的是美国哈佛大学和哈佛商学院的人才培养模式（于宪英，丛长福，2003）、美国研究型大学教育学院的人才培养模式（祝怀新，许啸，2009），以及从课程设置、教学方法、科研计划等不同方面来比较各国大学的创新人才培养模式，为我国的拔尖创新人才培养提供经验借鉴（高雪莲，2007）。

在课程体系的设计上，国外大多建立了通识教育和专业教育相结合的课程体系（张永雷，2011）；在教学方式和方法上，国外非常重视基于问题的探究式、研讨式教学方式的应用，特别是美国哈佛的案例教学法、头脑风暴法，以及其他研究大学的高峰体验课程等；在科研实践机制上，国外大多设置了很多科研计划、交流项目等（彭绪娟，刘元芳，彭绪梅，2007）。

三、中外拔尖创新人才培养模式的比较

为什么我们的学校总是培养不出杰出人才？钱学森认为："现在中国没有完全发展起来，一个重要原因是没有一所大学能够按照培养科学技术发明创造人才的模式去办学……"连年扩招后，我国高水平大学的学生规模增长过快，生师比变大，人均教学资源变少。在当前高等教育日益普及的环境下，如何在保持总体教育质量的同时，把我们一批最优秀的拔尖

学生培养成世界一流大师级人才的后备军,也已成为祖国和人民赋予我国高水平大学的历史使命。本文选取了几个典型的创新实验班,以及几个典型的发达国家,分别比较了国内、国外拔尖创新人才的培养模式,试图通过比较为北京市拔尖创新人才的培养提供经验借鉴。

1. 国内拔尖创新人才培养模式

我国高校本科教学模式改革大部分都是由个别班级、部分学生先行先试,通过建立实验班的方式进行探索。自1978年中国科技大学创办少年班以来,我国高校一直没有停止对资优拔尖学生培养模式的探索,以中国科技大学为代表的一批国内一流高校纷纷开设拔尖实验班,寻求拔尖创新人才的培养方法。经过30多年的努力和摸索,我国高校在依托实验班探索人才培养模式改革方面已经积累了很多成功的经验,取得了一些成绩。本文选取了中科大少年班、北大元培学院、南京大学匡亚明学院、北京航空航天大学华罗庚班、浙江大学竺可桢学院、清华大学基础班6个典型的拔尖创新人才培养实验班,从培养目标、培养方法和途径、培养管理机制三个方面对其进行比较,以期能从中总结出一些人才培养模式和规律,为北京高校创新拔尖人才培养提供借鉴。

(1) 创新人才培养目标

1978年3月,中国科技大学率先在安徽合肥创办少年班,成为全国第一个集中培养少年大学生的基地,在探索新的教育模式的实践中迈出了极其重要的一步。其办学方针是,"注重个性发展,因材施教,重视基础,全面素质培养",明确了今后教育培养的方向和目标,更加注重复合型、高素质、创新型人才的培养。

北京大学元培学院正式成立于2007年9月,其前身是2001年开始按文理两大类招生的元培计划实验班,贯彻"加强基础、淡化专业、因材施教、分流培养"的十六字方针,其宗旨是培养基础好、能力强、素质高的一流本科毕业生,为他们在完成整个高等教育后成为具有国际竞争力的优秀人才奠定坚实的基础。

匡亚明学院正式成立于2006年,是以南京大学老校长匡亚明的名字命名的一个本科生学院,是在基础学科教学强化部(1989年成立)、基础学科教育学院(1998年组建)的基础上发展而来的。学院成立的宗旨是,为了保护和加强基础学科,培养立志献身基础学科研究和教育事业的优秀人才。

竺可桢学院成立于2000年5月,是以浙江大学人铭记的竺可桢老校长之名命名的,会聚卓越人才,实施"特别培养"和"精英培养"的荣誉学院。其人才培养目标是,培养具有知识创新能力的战略性科学家、具有独特创新能力的工程科技人才、具有较强人文素养的未来领导者。

表1 各创新实验班人才培养目标

创新实验班	人才培养目标
中科大少年班	注重复合型、高素质、创新型人才的培养
北大元培学院	能成为具有国际竞争力的领军人物
南京大学匡亚明学院	培养立志献身基础学科研究和教育事业的优秀人才
浙江大学竺可桢学院	培养具有知识创新能力的战略性科学家、独特创新能力的工程科技人才和较强人文素养的未来领导者

(2)创新人才培养方法和途径

①课程体系。

中科大少年班在课程体系的设置上强调通识教育和个性化发展相结合,学生入学后先进行一年的通识基础课强化训练,然后所有学生可在全校范围内按照个人兴趣和特长完全自主选择专业。除基础课集中授课外,其他课程全校范围内选修。北大元培学院实行教学计划和导师指导下的自由选课学分制,其课程计划主要包括全校公共必修课程、大类平台课程、素质教育通选课、专业课程、实践实习、毕业论文。南京大学匡亚明学院形成了独具特色的学科群课程体系。其主要做法是,第一年设置学科大平台通识课程,第二年按学科模块设置核心课程,第三年为学科专业方向核心课程,第四年为选修课程、科研训练课程和毕业论文。浙江大学竺可桢学院构建交叉复合型的课程体系,其课程设置主要分成四块:通识课程、大类课程、专业课程和个性课程。除此之外,竺可桢学院也积极推进第二课堂课程,即学生参与各类学科竞赛、研究调查和科研训练。

②培养方式。

中科大少年班实行的是重基础、重实践、自由选择专业的个性化培养方式,所有少年班学生入学后一律不分专业,先集中加强数理、信息和英语等基础学科的学习,1~2年后学生可以根据自己的兴趣爱好,在全校范围内任选专业,真正将"因材施教"思想落到实处。北大元培学院采取的具体培育方式就是,在低年级实行通识教育,在高年级实行宽口径的专业教育,同时进行学习制度的全面改革,实行学生根据兴趣自主选择专业和在教学计划与导师指导下的自由选课学分制,实行导师制和弹性学习年限。匡亚明学院按照"多次选择、逐步分流、兼顾各方"的原则,在1、2年级由学院统一组织教学和学籍管理,从3年级开始学生全部分流到各个院系(基础学科教学强化部仍然保留),由各个院系组织教学和管理。竺可桢学院的培养方案建立在学生自主选择的基础之上,在四年一贯的专门培养计划下,前期教学采取单独编班集中授课为主,后期在导师指导下实施专业学习计划和科研训练计划,学生的专业培养在各专业院系完成。

③师资力量。

中科大少年班首先在全校范围内公开选拔最优秀的教师担任少年班的基础教学工作,强化基础训练,为以后的专业学习和科研打下扎实的基础。其次,聘请各院系知名教授和学术带头人,组成"学生指导小组",专门指导少年大学生的学习和专业选择,帮助他们了解学科前沿的最新动态,其中也有很多都是国家级教学名师。元培学院从各院系聘请资深教授作为导师,通过讲座、座谈等活动开阔学生的学术视野,对学生选课、选专业、学习内容及方法、科研活动等方向进行指导。另外,元培学院邀请到了一些各领域内的佼佼者,聘任他们担任元培学院学生课外导师。他们用各具特色的方式,为同学们指点人生、启迪智慧,帮助元培学院乃至北大的学生全面发展,健康成才。匡亚明学院可以充分利用全校的师资,教师专兼结合,可在全校范围内遴选,基础课教师全由正、副教授和部分具有博士学位的青年教师承担,并且本科阶段的科研训练由活跃在学科前沿的导师指导,他们中有科学院院士、教授和杰出青年基金获得者;基地基础课和专业主干课程的教师全由各院系选派的优秀师资担任,包括许多国家级或校级教学名师。竺可桢学院其主讲教师基本上都是经验丰富、思想活跃、学识渊博的教师,主要来源是各院系的学科带头人、两院院士、长江学者、政府基金奖励学者、博士生导师、教书育人标兵等,此外,竺可桢学院还充分挖掘校友的力量,独创院友导师制。

④科研实践。

中科大少年班鼓励学生参与不同学科背景的教授沙龙和最新学术进展报告,从二年级开始,学生就会陆续开展大学生研究计划,或者在导师指导下开展自主探索研究,并且鼓励学生尽早进入校内实验室或中科院研究所的科研一线,了解、感受科研创新氛围。元培学院重视科研实践氛围的营造,通过跨学科的学习与交流形成了学生交叉型的知识结构,这有助于学生申请到各种科研基金项目,包括交叉学科的科研课题,如莙政项目、校长基金课题、创新计划、教育基金项目、创业计划、交叉研究项目等。匡亚明学院实施所谓"铺垫—训练—研究"模式,就是学生用前三年的时间为进入科学研究作铺垫,最后一年是专门的本科阶段科学研究训练,而且这些安排都纳入正式的教学计划。竺可桢学院为学生提供众多跨文化的交流机会和国际化的实践机会,如"卓越人才培养计划"、"IAESTE 爱因斯特项目"、"Melton 基金会"和"中国企业体验实习奖励计划"。

表2 各创新实验班人才培养方法和途径

	课程体系	培养方式	师资力量	科研实践
中科大少年班	通识基础课+选修课的个性化选择课程体系	重基础,重实践,自由选择专业,个性化培养	各院系知名教授和学术带头人、国家级教学名师	校内实验室、中科院研究所项目
北大元培学院	自由课程体系	通识教育+专业教育 自由选课+自由选专业	各院系资深教授、各领域内的佼佼者	莙政项目、校长基金课题、创新计划、教育基金项目、创业计划、交叉研究项目等
竺可桢学院	交叉复合型的课程体系	基于学生自主选择的人才培养机制	各院系的学科带头人、两院院士、长江学者、政府基金奖励学者、博士生导师、教书育人标兵	卓越人才培养计划、IAESTE爱因斯特项目、Melton基金会和中国企业体验实习奖励计划
匡亚明学院	以学科群为基准来构建课程体系	实施"多次选择、逐步到位"的运行机制	科学院院士、教授和杰出青年基金获得者、国家级或校级教学名师	铺垫—训练—研究

2. 国外创新人才培养模式

纵观世界一流大学,大都以良好的教学模式扬名于世,如牛津、剑桥大学的本科生导师制、哈佛大学的本科生核心课程、芝加哥大学的本科生"百科全书式教学计划"。如何才能培养出拔尖创新型人才,是目前大学所面临的主要挑战。但是长期以来,我国传统的人才培养模式对于拔尖创新人才的培养表现出体制上和管理上的局限性,难以适应时代发展和创新型国家建设的需要。因此,借鉴国外拔尖人才教育的经验,将为我国拔尖创新人才教育培养模式的改革提供有益的启示。

(1)世界一流大学的本科人才培养目标

知识经济时代的到来,从根本上确定了社会对具有创新素质人才的需求。培养具有探索精神和创新能力的人才成为当今世界一流大学的共同目标。事实上,世界一流研究型大学对于富于创造性人才的培养和追求一直是孜孜不倦、始终不渝的。美国、英国、德国和日本在人才培养目标上都重视创新能力的培养。

表3　国外创新人才培养目标与理念

国　家	创新人才培养目标与理念
美　国	研究型大学应通过一种综合教育造就出一种特殊的人才,他们富有探索精神并渴望解决问题,拥有代表其清晰思维和熟练掌握语言的交流技巧,拥有丰富的多样化的经验;这样的人将是下一个世纪科学、技术、学术、政治和富于创造性的领袖
英　国	牛津大学校长C.鲁卡斯要求大学培养的人才"要有很高的技术,非常宽的知识基础,有很强的个人责任感、革新能力和工作灵活性"
德　国	德国的大学强调培养学生的创造性、主动性、独立性,注重培养全面发展的学术人才与高级专门人才
日　本	日本很多大学的教育理念中都体现了"学问独立、自由、探索、创新、批判、实践"等核心理念

(2)创新人才培养方法与途径

打造拔尖创新人才关键看培养方式是否适合创新意识的萌发,是否适合创新思维的形成,是否适合创新能力的锻炼。发达国家一流学校都逐步建立起一套适合创新人才培养的课程体系、教学方式以及科研实践机制(如表4)。

从表4可以看出,在课程体系的设置上,美、英、德三国都建立了通识教育和专业教育相结合的课程体系,使得本科生们拓宽了视野,在获得广博的基础教育的同时为加强专业知识的深度做好了准备。在教学方式和方法上,美、英、德、日四国都非常重视基于问题的探究式、研讨式教学方式的应用。这种教学方式是建立在指导、发现而不是信息传递基础上,以探究为基础的学习中所蕴含的是"教学相长"。而且注重培养学生创新思维、创新能力,更符合社会发展对人才的需要。在科研实践机制上,四国都开始逐步重视本科生科研,都设立了相应的鼓励本科生参与科研的计划或项目,并且注重校企联合,培养本科生的实践应用能力。

表4　国外创新人才培养方法与途径

国　家	课程体系	教学方式与方法	科研实践
美　国	强调基础学科的学习,减少对低年级学生的专业化教育,注重双基教育即基础知识、基本技能与能力,注重和加强课程的基础性和广博性。同时也强调学科结构的综合性和平衡性,强化文理互补及交叉学科的融合	苏格拉底教学法、案例教学法、头脑风暴法,还有基于问题的学习(PBL)、基于课题的学习、一年级讨论(seminar)、高峰体验课程(capstone experience)等	本科研究导向计划和本科实践导向计划、本科生研究经验计划以及国外留学项目
英　国	普遍注重基础课程教育,反对实行时间过早、范围狭窄的专门化训练;开设新的跨学科的综合性课程	研讨课是英国大学课堂上经常采用的一种教学模式	大学与工业界联系的一体化计划(An Integrate Approach),注重跨学科的综合型开发利用,培养学生的实践能力

续表

国　家	课程体系	教学方式与方法	科研实践
德国	分为基础学习和专业学习两个阶段，一、二年级分系而不分专业；课程体系包括讲授课、习题课、实验课、讨论课、课程设计、生产实习等环节	在德国大学的所有教学方式中，处在中心地位的是研讨课，研讨课包括初级研讨课和高级研讨课	与企业界开展合作，设立顶尖科研资助项目
日本	在课程设置上加强对学生的英语水平的学习，以便使学生能够更好地学习到国际上先进的理论知识	强化启发式教学和实践性教学	注重高校和企业的科技合作，建立了如联合研究制度、合作研究制度、合同制度等多种形式的横向联合

四、北京拔尖创新人才培养模式的建议

2010年7月公布的《国家中长期教育改革和发展规划纲要（2010—2020）》中指出，高等教育的培养目标重点放在着力培养信念执著、品德优良、知识丰富、本领过硬的高素质专门人才和拔尖创新人才。新的教育发展纲要在谈及高等教育改革时，全文中先后4次提到拔尖创新人才培养，要求高校在未来一段时期内造就一大批拔尖创新人才。北京，作为国家的首都，作为全国的文化中心，作为全国高校最集中、教育水平最高的地区，应深入贯彻落实国家和北京市中长期教育改革和发展规划纲要战略部署，牢固树立人才培养在高等教育工作中的核心地位，不断深化教育改革，探索拔尖创新人才培养模式，全面推动首都教育现代化进程。结合上文中对国内外拔尖创新人才培养模式的比较，本文从课程体系、教学模式、教学方法、师资建设、科研实践机制等方面对北京市拔尖创新人才培养模式提出了一些建议。

1. 完善"通识＋专业"的课程体系

高水平大学本科教育的出发点是培养人本身，而不是单纯的职业训练。首先是要把人培养成为一个心智健全的人，从而为更高级的专业教育奠定基础。基于这样的理念，中科大少年班、北大元培班以及美、英、德等国家的大学大都采用的是通识课程加专业课程的课程体系。这种课程体系也是"宽口径、厚基础、强实践"的人才培养理念的具体体现。

但是，这种课程体系在实行的过程中仍然存在着一些问题，例如，给予的选课指导不够，所选课程的质量没有保证，专业课程的教育质量也达不到期望的要求等。因此，北京各高校在拔尖创新人才培养的课程体系设置上，一定要加强对学生选课的指导，采取本科生导师制，让导师充分精心指导学生的选课；其次，要创造条件为学生提供全程的优质教育，提高课程质量，充分发掘本校的教师资源或聘请兄弟院校、社会科研机构的著名学者、业界的资深专业人才开设高质量的选修课程，让拔尖人才能接受到高品质的专业教育。

2. 推广"2＋2"的培养方式

国内的各个创新实验班以及国外很多大学的创新人才的培养基本上都采用以"2＋2"为主（也有部分学校的创新实验班采取"2.5＋1.5"或者"3＋1"）的大类通识教育加个性化专业教育模式，前两年集中进行"精"、"深"的基础知识教育，让学生打下扎实的学科基础知

识;后两年分流后实施个性化的核心课程和科研训练相结合的专业教育,以训练学生的实践能力和科研素养。

在第一个"2"年,将学生集中在一起管理,大部分基础课都采用小班化上课、名师讲授的方式。这种培养方式下,既避免了学生选择专业的盲目性,又保证了基础学习阶段知识掌握的宽泛,实验班的学生还能接受高质量基础教育。在第二个"2"年,实验班学生开始分流,进入专业学习阶段。国内高校创新实验班或国外一流大学大多依据学生的不同性格、兴趣、学习能力制定个性化的学习方案,尽可能地做到每人一套培养计划。给学生提供自主选择的空间,使学生真正找到自己的兴趣所在,提高学习的积极性。

专业分流后的两年,各实验班一方面注重开展专业课程教育,一方面注重学生科研能力的培养。与以往的人才培养模式比较,实验班后两年对实践的重视程度更高,同时引入对本科生科研素养的训练。"千人一面"的传统教学计划,严重阻碍了学术"天才"、尖子生开展学术探究的激情和个性的张扬。只有按照自己喜欢的方案学习,课程基础才能学得更扎实,从而提高学生的自信心,发挥他们在科研上的巨大潜力,造就他们优秀的学术素养。目前,这种"2+2"的培养方式已经获得了大家的认可,加以完善后可以在北京各高校进一步推广。

3. 采用探究式、研讨式的研究型课堂教学模式

无论是国内高校创新实验班还是国外一流的大学制定的教学方式中,都普遍强调了要采用基于问题的、探究式的教学模式,开设新生研讨课和高年级研讨课,造就师生互动、自由讨论的课堂气氛。这种方式架设了学生与教师沟通的桥梁,培养了学生互助协作和团队精神,提高了学生的综合素质。另外,可以学习国外先进的教学方法,如案例教学法、头脑风暴法、问题导向法等,把学生从被动接受者的地位中解放出来,让学生自己成为知识的发现者、探索者,然后在老师引导下再通过讨论、辩论不断深入,在这个过程当中,大家去寻求解决实际问题的思路,从而通过引导把学生的能力、思维方式提高起来。唯有在课堂上培养学生的质疑、批判思维,提高学生的这种提出问题、探讨问题、解决问题的能力,才会最终出现"拔尖创新人才"。

4. 拓宽师资来源,壮大师资力量

拔尖创新人才的培养,首先需要有拔尖创新型的师资队伍。要培养拔尖创新型人才,教师队伍自身要有强烈的事业心和社会责任感,具有创新的意识、创新的精神以及创新的行动和实践。北京市作为国家的首都,具有丰富的人才资源,各高校应当在充分挖掘本校的国家级教学名师、市级教学名师等顶尖级教师资源的基础上,根据课程需要,聘请一些校外科研机构的顶尖科学家、院士,实业界各领域的佼佼者以及国外著名的教授和学者来讲学和开展研讨会。此外,各高校也要为教师提供进行自由学术研究的良好工作条件和宽松的学术氛围,采取各种激励措施鼓励教师创新教学方法,提高教学质量。

5. 加强科研实践,促进国际交流

无论是国内还是国外,在拔尖创新人才的培养上,都非常重视科研实践的训练。高等学校引导学生参加高水平科学研究是培养拔尖创造型人才的一个重要途径。大学生参加科研不仅能深化已掌握的理论知识,提高学习兴趣,而且能有效地培养科学研究的能力、创造性思维能力及动手能力,在真实的科学研究中得以锻炼和提高。北京各高校应该增加科研投入,从"挑战杯"到"国家大学生创新性实验计划"以及"本科生研究计划"等,多为学生提供高水平的科研项目。另外,北京高等学校要充分利用国际资源与学术网络,拓展国际合作与

交流的渠道,扩大学生出国学习交流的规模与层次,打造若干个国际交流品牌项目,为增强学生的国际竞争力创造良好条件。国际交流互动的经历也有利于学习国外先进的学习方法和经验,提高创新能力和实践能力。

(作者单位:北京第二外国语学院　旅游管理学院　北京　100024)

参考文献

[1] 徐昕. 拔尖创新人才本科阶段的培养模式探索——基于国内高水平大学实验班的研究[D]. 广州:华南理工大学硕士学位论文,2011.

[2] 张永雷. 研究型大学拔尖创新人才培养模式研究——以兰州大学为例[D]. 兰州:兰州大学硕士学位论文,2011.

[3] 张红伟,刘黎,高博. 四川大学拔尖创新人才培养模式创新试验区——吴玉章学院2007级人才培养方案的改革与思考[J]. 高等理科教育,2009(2).

[4] 刘粤湘,胡轩魁,吴艳,薛梅. 创新人才培养模式实施拔尖学生培养——"基础学科拔尖学生培养计划"的实施与探索[J]. 中国地质教育,2011(2).

[5] 陈金江. 中国大学本科精英学院运行模式研究——基于多案例的分析[D]. 武汉:华中科技大学博士学位论文,2010.

[6] 陈遇春,王国栋. 我国农科拔尖创新人才培养模式构建研究——基于西北农林科技大学的实践探索[J]. 中国高教研究,2011(6).

[7] 李元元. 开放环境下的研究型大学拔尖创新人才培养模式构建——基于华南理工大学的探索与实践[J]. 现代教育管理,2011(5).

[8] 丁凯. 论经济学拔尖人才培养模式的创新[J]. 理论界,2011(3).

[9] 洪大用. 积极探索人文社会科学拔尖创新人才培养模式[J]. 中国高等教育,2011(Z2).

[10] 于宪英,丛长福. 哈佛商学院培养创新人才的新举措[J]. 世界教育信息,2003(Z1).

[11] 祝怀新,许啸. 美国研究型大学教育学院人才培养模式探析——以哈佛、斯坦福大学为例[J]. 高等教育研究,2009(5).

[12] 高雪莲. 国外创新型人才培养模式对我国高等教育改革的启示[J]. 高等农业教育,2007(1).

[13] 彭绪娟,刘元芳,彭绪梅. 国外高等学校创新型人才培养模式探析[J]. 产业与科技论坛,2007,6(11).

[14] 李德才,沈克祥. 坚持教育创新,探索高等教育改革新模式——我国大学少年班教育的历史回顾与启示[J]. 江淮论坛,2004(3).

[15] 郑晋鸣. 丹心献教启新篇[N]. 光明日报,2006-03-28(7).

二、经验借鉴篇

欧美旅游人才培养新理念与旅游教学新方法[①]

邹统钎　余繁华　徐慧君

【摘　要】　在信息化改变旅游生产和游客体验方式的背景下,对于新型旅游人才的需求急剧增长,构建新的旅游人才培养理念和旅游教学方法迫在眉睫。本文系统总结了目前欧美旅游教育界新型的旅游人才教学理念、教学模式和教学方法,以期为国内旅游人才培养和教育提供借鉴,提高国内旅游人才质量,填补人才空缺。

【关键词】　欧美;旅游人才培养;旅游教学方法

信息化的迅猛发展已经逐渐成为社会发展的基础设施,对旅游产业价值链更是产生根本性的影响,同时,信息化广泛影响着旅游人才培养理念与教育教学方法的构建。欧美旅游教育界充分认识到信息技术和互联网对旅游业的渗透力,将其巧妙地运用到旅游人才培养中。本文将举例介绍当今欧美主要的培养新理念和教学新方法。

一、欧美旅游业人才需求与建设现状

欧洲旅游业每年为其带来8000亿欧元的收入,占GDP的5%,每年解决300万就业岗位,渐渐地旅游业已经扩展到社会的方方面面:可持续发展、城市交通、乡村及文化遗产、旅游和平、旅游与运动、旅游与健康等。所以,具备全球视野和各种高水平运营管理的旅游高级技能人才开始缺乏,欧洲旅游业为此提出了具体战略性人才建设要点并制定相关战略:①学习过程与工作实践联系更为紧密;②尽可能地使用导师制;③教学过程中更加注重学生的职业生涯规划;④学习过程必须是富有激情的、有趣的,学生能很快融入其中,等等。

德国在短途旅游、老年旅游、康健旅游、商务旅游等分支蓬勃发展的背景下,提出了特定旅游人才的建设需求:在线旅游经营商、旅游策划、旅游客户关系代表、商务旅游策划及管理商、旅游支持系统中介商等;加拿大也认识到旅游业高级专业人才的缺乏,且目前旅游从业激励措施不足,大部分岗位还没有相应的教育要求,门槛较低,为此提出了相应的人才培养计划;法国餐饮业针对其人才空缺专门制定了一套餐饮业人才培养系统,从餐饮业服务线上职位的复杂性程度分别为每种职位提出了技能方面、人际沟通社交方面和组织管理合作方面相应的培养计划。可见,欧美已经充分认识到旅游业高技能人才的紧缺,并已先后开始制定系统的培养计划,以应对旅游人才供不应求的局面。

---

① 本研究得到"旅游管理国家级特色专业"项目资助。

二、欧美旅游人才培养与教学理念

欧美旅游教育院校更加重视将相关理论引入旅游教学中,更新旅游人才培养观念和理论体系,培养旅游人才的全局观以及产业全球化理念。

1. 旅游教学中应囊括通用(共生)理论体系课程

欧美旅游学科协调与管理人充分认识到当代旅游学科内在的复杂性。目前建立的多种多样的课程体系还未充分意识到旅游学科的多学科根基及其内在联系的重要性,未覆盖到旅游学完整的学科范围。旅游研究者们越来越多地开始采用跨学科、多学科、转学科视角研究旅游学,并强调在本科和研究生旅游教学中融合这些母学科的通用理论的益处。现在的旅游学习包含很多复杂的问题,因此旅游学术研究范畴应扩大到多学科领域,从交叉学科、转换学科中找出共生理论,具体应从旅游学理论的不断争议和业界实践中寻找旅游学的通用理论体系。

2. 利用性格本色谱理论,通过掌握学生性格本色谱以提高教学质量

不同的学生属于不同的性格本色谱,通过学生的自我评价识别出他们的性格本色谱,进而指导他们有效地运用这些特性提高个人和职业的社会关系。教学者也要掌握识别学生性格本色谱的方法以更有效地与学生进行交流,开发相应的活动或者项目让学生都参与其中。首先识别出不同学生的性格本色谱类型,建立学生档案,进而调整教学计划和交流方式,让所有学生都从中获益。

3. "本土国际化"理念

长期以来,一提到国际化人才培养,人们便会想到学生的出国交流、跨国流动。至今,依然有许多人认为,出国是教育国际化的最佳途径,甚至是唯一途径。但是,真正能够到国外学习的学生却很少。据统计,只有10%的欧洲学生有海外学习经验,在美国,这一比例不足1%。

本土国际化(Internationalization at Home)由瑞典学者本特·尼尔森(Bengt Nilsson)首次提出,泛指除学生流动之外的一切国际活动。尼尔森指出,把所有学生都送出国显然是不可能的,一种现实而有效的办法是在大学教育中,为没有机会出国的学生提供国际化经验,这就是本土国际化。本土国际化聚焦于形式多样的课程改革和课外活动开发。主要包括:第一,课程改革,如在已有课程中增加一门或两门与"国际"有关的课程、开展外语教学、促进不同国家的高校相互合作等途径;第二,开发课外活动,鼓励不同国家的同学之间形成互动,为本地学生提供多元视角,使得本地学生不用出国就可以探索不同的文化和传统。

三、欧美旅游人才培养与教学模式

将教学理念和方式模式化,以便持续监测理念和方法的正确性,增强其实践指导能力,目前欧美推出了较多比较前瞻性的教学模式,以供旅游教育者参考。

1. TEFI 教学模式

TEFI 教学模式(The Tourism Education Futures Initiative)旨在提供一种前瞻性的、富有学识的旅游教学框架,以促进全球公民意识和乐观精神。越来越多的旅游业管理者认识到影响旅游业发展面临的全球挑战以及旅游教育改革的必要性,这种转变要求高学历人才和行业领导者具备更高水平的责任意识和管理能力。TEFI 模式试图论证这种转变的复杂性和

多样化。TEFI 模式从定义应遵循的价值准则入手,正引导着旅游教育及其产业实践的重要改革。

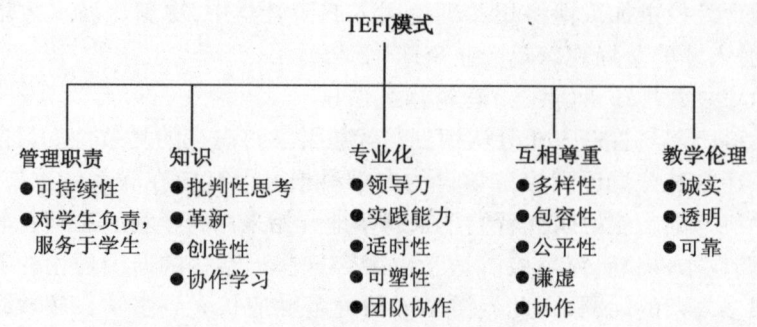

图 1　TEFI 教学模式

旅游教育者们高度认同 TEFI 教学模式的价值取向,并将 TEFI 模式工具化。模式体现的价值较为含蓄和隐性,需要设计相应的衡量工具以便具体实施,但同时要明白,将模式工具化只是实施 TEFI 模式的一个开始,指标需要不断地进行检测和更加具体化。同时应该留意到各个因素之间的互相影响和内在联系。

芬兰和美国的两所大学实践 TEFI 模式,通过 Facebook 建立了一个知识协作平台,利用团队报告的形式,制作反映学习经验的视频。其合作成果很好地反映了 TEFI 教学模式的重要性。

2. 基于学生产出和定性方法的 SoTL 模式

SoTL 模式(The Scholarship of Teaching and Learning)是一种集教学、学术教学、研究和创造性活动为一体的,互相融合的教学模式。不同的分支有不同的侧重点,且各种分支之间有深入广泛的合作与交流。相关学者深入探讨了 SoTL 模式如何被运用到旅游教学中,利用定性方法,以学生产出的成果为数据来源进行教学成果鉴定。

具体实施过程包括:①利用研究项目和调查识别 SoTL 模式的实践要点;②在学期开学之前做一个详尽的 SoTL 教学计划;③利用研究和课堂教学数据监测教学成果;④分析数据;⑤公布结果并与参与者沟通结果的有效性;⑥将结果转化为学术成果;⑦重复前面的过程,不断检验各种教学创新项目。

四、欧美旅游人才培养与教学方法

各种创新性的教学方法被运用到旅游教学当中,现从以下几个方面做出总结。

1. 智能化教学

研究表明,利用多媒体技术可以很好地营造互相交流的学习环境。通过心理意象过程被学生所用,尤其是有交流困难的学生,培养具备不同能力和偏好的学生通过虚拟故事、角色扮演、相互交流、情景游戏、看录像、听博客和图文本来进行相互交流,融入多媒体学习环境中,挖掘学生的个体差异和偏好;同时还可以被运用到课程设计和评估中。

针对美国东南部一所大学的本科生的调查表明,3D 虚拟世界对学生们对于电子化学习的态度产生了重要且积极的影响,提高了学生们处理挑战性任务的能力、对虚拟学习体验互相作用的认识以及学生对学习的感知,从而提高了学生的学习效率。

台湾地区的在线学习实践也充分证明了智能化教学的效果。台湾通过一个教学共享平台,使得不同区域的学生能够同时同步学习。大大提高了旅游管理研究生在线学习动机及有效性,使学生更有效地综合应用知识解决实际问题和批判性反思的能力,从而增加了学生的学习动机和满意度。同时,教师们设立清晰的课程目标和教学指导可以大大有助于学生在线学习满意度的增加。

(1) INNOTOUR 教学平台

INNOTOUR 平台,是指通过 Web 2.0 技术,创新教育方法以及价值化导向教学来提高旅游教学质量。INNOTOUR 平台分别为教师、学生、教师培训和教学经验交流分配设计了相应的版块。

INNOTOUR 平台中的学生版块主要内容包括创新案例、学术资源、创新性的学习工具和测试、推理游戏、创新思考软件、博客、论坛、百科、教学资源等。

INNOTOUR 平台中的教师版块主要内容包括教学资源、电子化教学最佳案例、教学课件、教师百科、教师论坛、创意操作典范等。

INNOTOUR 平台还为老师提供了培训平台,以便老师更好地使用平台;同时提供了利用平台进行教学管理的相关标杆案例、组织的大型活动案例等。

(2) 在大课堂上使用电子反馈系统

EPS 系统(The Electronic Response System)类似于电视节目上的投票器,课堂上的每个学生都拥有一个利用自己的 ID 注册的手持电子器,学生可以匿名提问,系统可以自动将问题归类处理,问题和答案显示在教师大屏幕,方便更多的同学参与其中进行广泛交流讨论。

2. 实验教学

(1) 商业计划

通过"制定商业计划"这个教学实践项目,让学生们模拟商业计划制定过程,并提供机会让他们与企业交流,甚至合作。

要求学生制定一个适用于接待业的创业方案教学案例,第一部分讨论企业的一些基本特征,识别需求差距以及机会,市场调研等;第二部分建立一个商业模型,进行企业目标市场细分和定位,以及关于可行性的初步讨论;第三部分帮助学习者进行人力资源和运营管理的规划;最后一部分,制定营销和财务计划,以及公司组织及随后的退出决定。

(2) 游戏教学

游戏和学习活动可以被用来教导学生如何更好地将概念和理论运用到实践中。教学研究者利用普洛格和符号学理论教学、Freud 的结构假设教学界定了游戏教学的规则。建议教学者多创造新的学习游戏。

(3) 案例教学

案例教学已经是一个被广泛应用的教学方法。强调高等教育中学生积极介入和参与的重要性。目的是定位出具有出众的沟通能力、批判思考能力和解决问题能力的学生。使得老师的角色从一个知识分配者变成学生团队中的民主领导者,也因此培养学习能力,提高教学评估水平。同时要注意案例教学的利弊,扬长避短,尽其所用。

(4) 专向培训

为了顺应加拿大康健旅游的迅猛发展,加拿大旅游局专门针对康健旅游需求的多技能服务人才,设立了一个专科学校进行培训教育,制定相关培训项目,进行包括旅游、医学和护理的综合培训教育,旨在培养针对康健旅游的专业化综合型人才。

3. 教学评估

越来越多学校采用 IPA 方法对旅游教育进行长期的纵向评估。例如,澳大利亚的旅游高等教育在一个富有竞争力和动态化的环境中进行着,市场化导向是其成功的必要条件。科研和管理人员必须定期评估在校学生和潜在生源的认知能力,监测在校学生的满意度。IPA 方法作为一种更有效的方法被建议采用,以弥补学生评估的不足(只反映了一些基本表现)。通过四个学期的持续评估,学生对于教学质量的期望及其实际的满意度的对比,逐次选出关键标杆基准进行下一步的评估跟进,而非一次性评估,以跟踪变化。为教师提供额外的机会和责任,使得他们持续地提炼教学方法的有效性。

4. 国际合作

将短期出国学习交流作为课程部分,给学生提供了一个全面和实践教育的机会及重要的学习体验,提高他们变革学习的能力。旨在让学生理解发展中国家旅游发展的社会、环境和经济可持续性的一个短期出国学习项目(赴哥斯达黎加,拉丁美洲)被融入课程中,名额是16 个本科和研究生。这个项目取得了很好的效果,对学生如何规划有意义的学习体验,以及全面实践教育和提高变革学习的能力提供借鉴。

5. 行业互动

欧美的旅游教育,有行业协会的支持,与行业之间形成了很好的互动。首先,学校经常聘请旅游业界的精英开设专题讲座,进行案例教学,用业界资深的成功人士的亲身经历带动学生对旅游专业学习的积极性。

其次,可以用开展竞赛的方式选拔优秀者,让优秀者到业界著名的企业去工作一段时间,让其感受旅游企业的文化和经营方式。

再次,在欧美有的大学除了优厚的奖学金之外,其对学生的奖励还包括请优秀的学生和著名的业界精英共进午餐,通过对业界精英的崇拜,让学生们感受榜样的力量。

最后,休斯敦大学希尔顿饭店学院,建立名人堂,举办名人堂晚会,这样有利于拓展学生的关系网,使企业和学生加深彼此的了解,为旅游专业的毕业生的就业搭建一座桥梁,使旅游专业的学生能够更好地了解旅游行业的人文精神和企业文化。

(作者单位:北京第二外国语学院　旅游管理学院　北京　100024)

参考文献

[1] Aixa A Ritz. The Educational Value of Short-term Study Abroad Programs as Course Components[J]. Journal of Teaching in Travel & Tourism, 2011, 11:164 – 178.

[2] Annica Isacsson. Integrating Students in Innovative Research and Development – Projects: Case Pompeli[J]. Journal of Teaching in Travel & Tourism, 2011,11:131 – 146.

[3] Arthur Asa Berger. Teaching Tourism Students with Gamesand Learning Activities[J]. Journal of Teaching in Travel & Tourism, 2010, 10:86 – 94.

[4] Baker Ayoun, Megan K Johnson, Melissa Vanhyfte. A Comparison Study of U.S. and Non-

U. S. Education Internationalization Practices of Hospitality and Tourism Programs[J]. Journal of Teaching in Travel & Tourism, 2010, 10:335 - 361.

[5] Carol Y Lu, Brendan T Chen. The Potential for Active Online Learning in Taiwanese Tourism Degree Programs Based on Online Educational Experiences of Graduate Students[J]. Journal of Teaching in Travel & Tourism, 2011, 11:271 - 288.

[6] Cynthia S Deale. What Teachers Learn From Students: Focusing on the Use of Student Products and Qualitative Methods in the Scholarship of Teaching and Learning in Hospitality and Tourism[J]. Journal of Teaching in Travel & Tourism, 2010, 10:378 - 394.

[7] David Rivera Jr. A Pilot Study of Students' Perceptions and Attitudes Toward Multicultural Concepts: A Pre-and Post-course Analysis[J]. Journal of Teaching in Travel & Tourism, 2010, 10:42 - 58.

[8] Edwin C Leonard Jr. Roy A Cook. Teaching with Cases[J]. Journal of Teaching in Travel & Tourism, 2010, 10:95 - 101.

[9] Elizabeth Barber. Case Study: Integrating TEFI (Tourism Education Futures Initiative) Core Values into the Undergraduate Curriculum[J]. Journal of Teaching in Travel & Tourism, 2011, 11:38 - 75.

[10] Gianna Moscardo, Laurie Murphy. Toward Values Education in Tourism: The Challenge of Measuring the Values[J]. Journal of Teaching in Travel & Tourism, 2011, 11:76 - 93.

[11] Hak-Seon Kim, Dong-Soo Lee, Eun-Kyong Choi. Research Activity at the Annual Graduate Student Research Conferencein Hospitality & Tourism[J]. Journal of Teaching in Travel & Tourism, 2010, 10:75 - 85.

[12] Janne Liburd, Anne-Mette Hjalager, Inger-Marie F Christensen. Valuing Tourism Education 2.0[J]. Journal of Teaching in Travel & Tourism, 2011, 11:107 - 130.

[13] Jean-Noel Patrick L'Espoir Decosta, Alexander Grunewald. Logies of Tourismology: The Need to Include Meta-Theories in Tourism Curricula[J]. Journal of Teaching in Travel & Tourism, 2011, 11:289 - 303.

[14] Joyce Hyunjoo Hwang, Kara Wolfe. Implications of Using the Electronic Response System in a Large Class[J]. Journal of Teaching in Travel & Tourism, 2010, 10:265 - 279.

[15] Loredana Padurean, Rico Maggi. TEFI Values in Tourism Education: A Comparative Analysis[J]. Journal of Teaching in Travel & Tourism, 2011, 11:24 - 37.

[16] Mary Dawson, Jack A Neal, Juan M Madera. Preparing Hospitality and Tourism Students to Lead a Diverse Workforce[J]. Journal of Teaching in Travel & Tourism, 2011, 11:195 - 210.

[17] Melvin R Weber, James A Chandler, Dori A Finley. Assessing Teaching Effectiveness in a Basic Food Laboratory Setting: Pilot Testing the Instrument[J]. Journal of Teaching in Travel & Tourism, 2011, 11:211 - 225.

[18] Mohammed I Eraqi, Wesal Abou-Alam, Mayadah Belal. Attitudes of Undergraduate Students Toward E-Learning in Tourism: The Case of Egypt. Journal of Teaching in Travel & Tourism, 2011, 11:325 - 348.

[19] Olga Strietska-Ilina, Manfred Tessaring. Trends and Skill Needs in Tourism [M]. Luxembourg: Office for Official Publications of the European Communities, 2005.

[20] Pauline J Sheldon, Daniel R Fesenmaier, John Tribe. The Tourism Education Futures Initiative(TEFI): Activating Change in Tourism Education [J]. Journal of Teaching in Travel & Tourism, 2011, 11:2-23.

[21] Steven Pike, Ingrid Larkin. Longitudinal Evaluations of Student Satisfaction With a Postgraduate Unit Using Importance-Performance Analysis [J]. Journal of Teaching in Travel & Tourism, 2010, 10:215-231.

[22] Tena B Crews, Johanna Bodenhamer, Tina Weaver. Understanding True Colors Personality Trait Spectrums of Hotel, Restaurant, and Tourism Management Students to Enhance Classroom Instruction [J]. Journal of Teaching in Travel & Tourism, 2010, 10:22-41.

[23] Ulrike Gretzela, Annica Isacsson, David Matarrita. Teaching Based on TEFI Values: A Case Study [J]. Journal of Teaching in Travel & Tourism, 2011, 11:94-106.

[24] Woojin Lee, Ulrike Gretzel. Tourism Students' Mental Imagery Ability: Implications for Multimedia Learning Environments [J]. Journal of Teaching in Travel & Tourism, 2010, 10:289-311.

[25] Yu-Chih Huang, Sheila J Backman, Kenneth F Backman. Student Attitude Toward Virtual Learning in Second Life: A Flow Theory Approach [J]. Journal of Teaching in Travel & Tourism, 2010, 10:312-334.

[26] Yuan-An Anna Liu, Chen-Tsang (Simon) Tsai, Jeou-Shyan Horng. An Initial Inquiry of Program Evaluation Framework for Tourism Higher Educationin Taiwan [J]. Journal of Teaching in Travel & Tourism, 2010, 10:1-21.

[27] 丁笑炳. 本土国际化:国外院校培养国际化人才的新理念[J]. 思考与借鉴, 2008(9):67-69.

国外会展专业课程设置及其启示①

王起静

【摘 要】 会展经济与管理专业是我国近年来新设专业,由于缺乏对会展行业的深入了解以及学科归属的不明确,目前我国设置会展经济与管理专业的院校在课程设置上缺乏理论指导和科学分析。本文详细研究了国外会展专业课程设置的情况,并结合与课程设置相关的研究文献,针对目前我国各院校会展专业课程设置情况,给出了相应的课程设置建议。

【关键词】 会展专业;课程设置;启示

会展产业快速发展需要学术机构提供会展管理的本科和研究生学位和学历教育(Getz,1997)。21世纪初,我国有部分院校开始尝试开设会展专业相关课程或在某些专业(如旅游管理、广告学、国际贸易等)下增开会展专业方向,培养具有会展相关知识的专业人才。由于各个学校是依托已有优势学科设立会展经济与管理专业,在课程设置上难免有原有优势学科的烙印,导致我国会展经济与管理专业课程设置五花八门。国外一些学者对会展管理教育和培训做了相关研究(如 Getz,2002;Getz & Wicks,1994;Harris & Jago,1999;Perry,Foley & Pumpf,1996),但对如何设置会展课程的研究还非常少。国内学者虽然针对会展专业课程设置问题做了一些研究(李瑶亭,2009;张显春,2005;饶雪梅,2003;包风达、李竹宁,2009;陈玲,2007;刘德艳、董藩,2005;刘大可、张文、王向宁,2003;马勇、肖轶楠,2005;丁烨,2008),但缺乏理论和实证研究。本文的主要目的就是在全面了解国外会展管理专业课程设置的基础上,为我国会展经济与管理专业课程设置提供科学的依据。

本文分为四个部分:第一,文献综述;第二,国外会展经济与管理专业课程设置情况;第三,我国会展经济与管理专业课程设置情况;第四,结论和建议。

一、概念界定和文献综述

1. 概念界定

课程研究具有300多年的历史。Parkay 和 Stanford(1998)认为,课程是所有能影响教育和学生成长的计划的和非计划的体验,在美国宗教、政治、行业和教育是影响学校课程设置的四大重要因素。Parkay 与 Hass(2000)认为,课程是学生要学习的、预先设定的学习体验、

---

① 本文获得"北京市属高等学校人才强教计划"项目资助(项目编号:PHR201008467)。

学习结果及所有的经历。Ornstein 与 Hunkins(2004)提出,从五种角度来理解课程:第一,课程是一个线性模型,是一个通向预定目标的行动计划;第二,课程本质上是关于事实和概念的问题;第三,与 Parkay 和 Stanford(1998)相同,即认为课程是所有能影响教育和学生成长的计划和非计划的体验;第四,课程有自己的研究工作,有自己的知识领域,有自己的专家和原理;第五,课程是一个线性或非线性的弹性系统,参与者可以在任何时间自由地进入和退出,可以跳过某个部分,也可以同时进行多个部分的学习。

2. 文献综述

理论界普遍认可"一种职业应该具有共同的知识体系"的观点,会展管理的职业进入和课程设计涵盖商业、饭店、旅游、体育和休闲、社会学、公共管理和沟通等诸多方面(Silvers et al,2006)。事件管理的知识体系对学院和大学会展管理课程设计具有重要的意义(Getz,2000)。一些学者对事件管理的过程或事件计划的过程做过界定和探究(如 Allenetal,2005;Bowdin,McDonnell,Allen & O'Toole,2001;Getz,1997;Goldblatt,2002)。在英国,商务旅游论坛和商务旅游咨询委员会发现,会议和事件产业要求提供谈判技巧、顾客管理技能、具体场馆的具体知识。另外,该产业要求从业人员能够全面了解顾客需求,能够提供问题解决方案、改进计划。这种提法只考虑了商务旅游所要求的知识结构,没有在更广泛的范围内研究所需的知识图谱。为了给特殊事件协调者确定标准,加拿大旅游标准协会确定了行政和管理技能、风险管理、项目计划和协调、营销、人际交往技能和人力资源管理所要求的能力(Stafford,1993;Perryetal,1996)

研究课程设置另外一种有影响的理论是利益相关者理论。课程设置应该满足不同利益相关者的需求,应该很好地考虑融合协调他们的利益不同点(Johns and Teare,1995)。应有不同的利益相关者参与到课程设置中以保证课程的有效和成功(Clark,1998;Ornstein & Hunkins,2004;Parkay & Hass, 2000;Tanner & Tanner,1995)。会展课程的设置需要满足不同利益相关者的不同要求,既要满足学生的要求,更要满足产业专业人士的需求,还要满足教育工作者的需求。比如说,学生希望为就业做准备,而产业人士希望学生具备合适的技能,而教育工作者在考虑学生和业内人士需求的基础上,还要保持课程传统的学术结构(John & Teare,1995)。

学生对课程的感知可以让教育者更好地调整会展教育的政策、过程、实践的各个方面,从而提高课程质量。现在,让学生参与教育过程,尤其是课程设置已经是常见的事(Smith & Cooper,2000)。很多学者强烈支持利用学生对课程的感知来保持课程质量(Brookes,2003;Kang,Wu & Gould,2005;Knutson,Schmidgall & Sciarini,1997;Mount & Sciarini,1999;Murray,1997)。教育工作者的个人期望、个人目标和价值对于形成课程体系来说,非常重要(Stuart,2002)。但有些学者认为学生并不知道哪些知识应该学、哪些知识不应该学。Ornstein 和 Hunkins(2004)认为,既然课程是为学生设计的,学生对课程的感受和想法就对课程的成功与否非常重要。Parkay 和 Hass(2000)也支持学生加入课程设置的观点。更好地将理论和实践相结合的课程体系将会使专业更具有竞争力并能更好地满足各利益相关者的要求(Kang et al.,2005)。

LEE K M 等人(2008)研究了业内人士、学生和教师三个不同主体对会展相关课程重要程度的感知。研究表明,三个不同的主体都认为,会展计划和运营、赞助和市场、实践经验是最重要的课程领域。这表明,产业导向型的课程是会展课程的主要焦点,只有产业和学术有机结合才能培养出适合未来产业发展需要的人才。当然,三类主体也有不同之处:行业管理者或负责人更重视一般的商业管理课程,如财务管理、预算、人力资源管理和交流。另外,行业专家认为,会展计划和运营对进入该行业的学生来说非常重要。这说明行业发展需要课程设置能够体现一般的管理知识和具体的会展管理相结合的特点。大学生则认为,赞助和营销是会展教育的最重要的领域。

McDonald 和 McDonald(2000)设计人文主义试验教育哲学模型来表示过程条件和过程组成部分及二者与过程结果的关系,该模型在北爱荷华大学(University of Northern Iowa)会展管理的课程设计中普遍使用。McDonald 和 McDonald(2000)设计人文主义试验模型用来发展和改进大学课程和职业培训项目,但并没有研究应该设置哪些课程。

另外,DeFranco,Abbott & Ali(2005)研究了日本会议管理的课程设置情况,说明了会议管理课程产生的过程和结果。该研究认为,会议管理是极其广泛的行业,包括特殊事件管理,会议计划,饭店、餐饮和俱乐部接待业,展览管理,体育事件管理,奖励旅游。

通过对参加澳大利亚事件会议的管理人员的研究,发现要成为高效管理者需要 19 个领域的知识,被调查者对其中的 10 个领域非常赞成:项目管理、预算、时间管理、媒体、商业计划、人力资源管理、营销、危机管理、获取赞助和网络。通过因素分析,Perry et al(1996)建议 5 个知识领域是经营管理者必须要掌握的:法律/财务、管理、公共关系/营销、经济学/分析、道德的/文脉的。根据 Perry et al.(1996)的研究及其他相关研究,Royal 和 Jago(1998)确定了 8 个非常重要的领域:计划、协调、赞助知识、营销、人力资源管理、行政管理、公共关系、财务。Getz 和 Wicks(1994)确定了在事件管理课程中应该包括的领域。除了一般的管理技能之外,还应包括以下具体管理技能:节庆的历史和含义、庆典、宗教仪式和其他会展、会展历史进展、供需趋势、动机和收益、事件的作用和影响、经济、环境和文化、项目概念和形式、策划会展的主体和原因、事件布置、事件运营、事件管理、事件营销。

Robson(2008)研究了事件管理知识体系(EMBOK)对未来会展产业研究的启示;同理,事件知识体系对课程设计也有相同的启示。事件知识体系框架见图1,所设课程应该涵盖图中涉及的知识体系。EMBOK 模型的目的是"创造一个在会展管理中所使用的知识和过程的框架以满足不同文化、政府、教育项目和组织的需要"。

二、国外会展专业课程设置

1. 美国

目前,在美国开设会展专业或课程的主要院校有乔治·华盛顿大学、内华达大学、休斯敦大学、俄克拉何马州州立东北大学等 75 所高校,其中以内华达大学和乔治·华盛顿为主要代表。乔治·华盛顿大学在注重一般分析方法和专业分析工具的基础上,设定旅游业与接待业管理、体育赛事与节事管理两个模块以及相关选修课。内华达大学在经济学、数学、写作等基础课程基础上,主要设置了饭店接待业、食品餐饮等方面的课程(见表 1)。

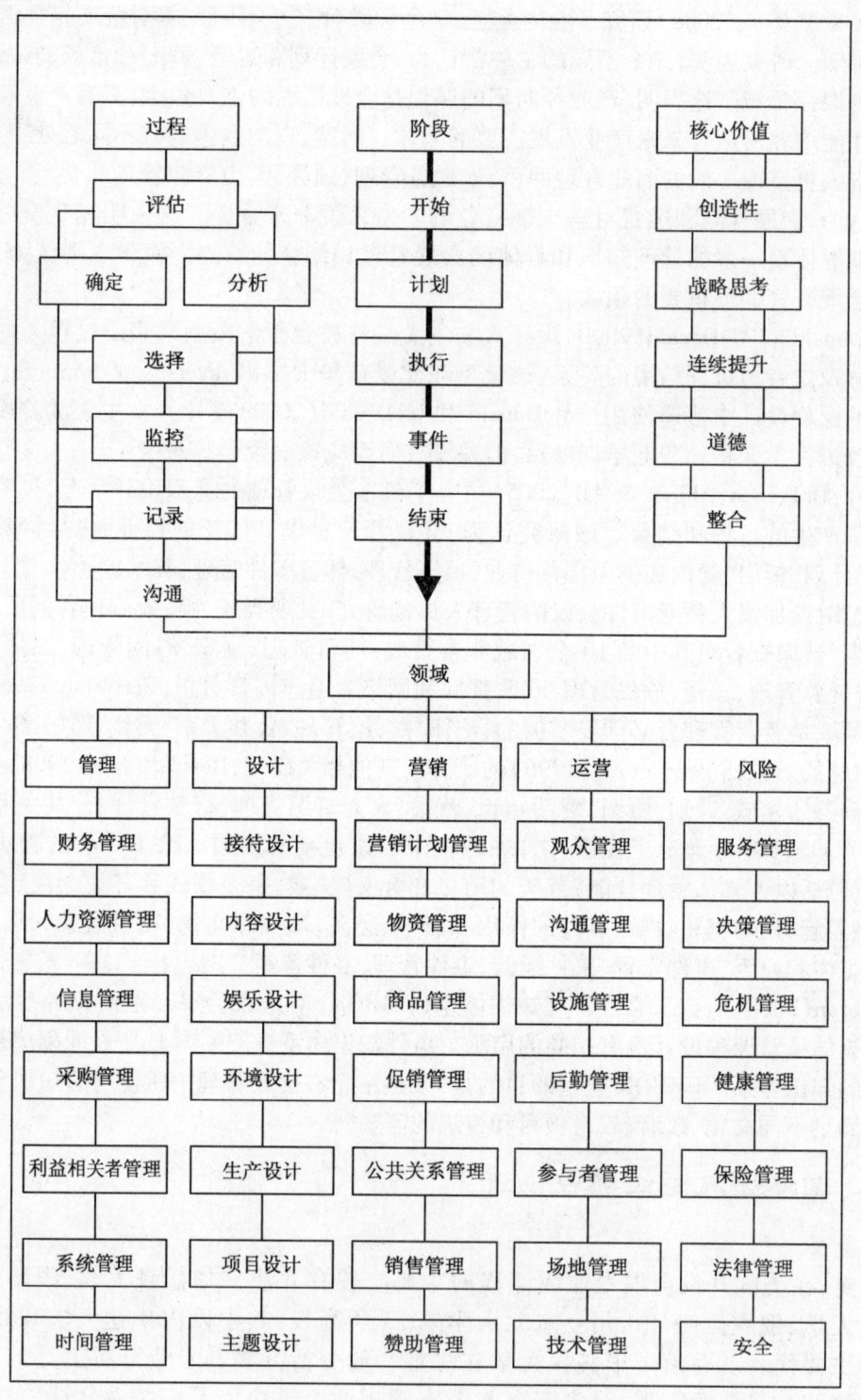

图1 EMBOK 知识框架

表 1 美国会展专业课程设置一览表

学校名称	课 程 名 称
乔治·华盛顿大学	组织行为学、微观经济学、宏观经济学、大学写作、微积分、财务会计概论、管理会计概论、管理和社会组织管理信息系统和技术、国际财务环境、商业和经济统计学概论或社会科学统计概论、营销管理概论、财务管理和市场、运营管理、人力资源管理、变化和组织、商业企业和政府关系、战略制定和执行、旅游和接待管理概论、体育和活动管理(或饭店业管理)、体育和活动企业(或旅游与饭店财务管理)、体育和活动营销(或旅游营销)
内华达大学	英语写作、数学、经济学、饭店会计、饭店职业发展、饭店营销、饭店财务、特殊事件管理、饭店业概论、住宿业概论、饭店业人力资源管理、饭店法律、会议计划、食品服务卫生、食品服务运营资金、饭店采购、食品饮料成本、沟通交流

2. 德国

主要有两所院校开办会展教育,一是瑞文斯堡合作教育大学,另一个是科隆大学(经济学院设有会展经济方向硕士课程)。两所学校错位发展、相得益彰,前者偏重实践操作,后者偏重理论研究(见表 2)。

表 2 德国瑞文斯堡大学课程设置一览表

模 块	课 程
会议管理	会议项目管理、财务预算、会场选择、专业会议组织、会议保险与审批、服务提供商、会议摘要处理
展览管理	展览项目管理、财务会计、展览后勤服务、展览日常安排、市场调查、管理者战略战术、参展商管理
大型活动管理	大型活动项目管理、活动概念及创新、活动场地及设施、活动代理机构、会议效果调研、音乐和娱乐安排、活动指引手册
展台施工模块	展台施工前期工作、展台设计、展台安全管理、展台施工程序、展台会计学、展台施工要求、展台后勤、展台活动设计

3. 英国

根据英国的大学和学院准入服务机构(Universities & College Administration Service)的网站资料统计,英国目前至少有 72 家学院或大学提供 200 多门与会展相关的课程。和其他国家会展课程不同的是,英国有很多院校设置了与音乐、舞蹈、戏剧、电影、舞台、剧院等艺术方面相关的会展管理课程。

4. 韩国

LEE K M 等人(2008)研究表明,会展专业和课程在韩国最初是在饭店与旅游管理专业下设立的子项目和专业,并于 1998 年在京畿大学(Kyonggi University)设立了会展管理 4 年制本科专业。从那以后,韩国大学和大专院校设置事件相关课程的院校显著增长,共有 4 所

4年制本科院校和6所2年制大专院校为1500多名学生提供152门与会展相关的课程,并有2所大学具有会展管理专业硕士和博士学位授予权。虽然很多课程的名称不同,但具有相同的内容和课程目标。因此,根据课程内容和教学目的,LEE K M等人(2008)把韩国各个学校所提供的课程总结为43门,并分为十个领域(见表3)。这43门是大多数院校开设的课程,不包括某些院校所提供的一些过于专业化的课程。

表3 韩国事件管理相关课程及分类模块

模 块	课 程 名 称
1.事件协调和后勤	场馆管理、后勤管理、会展礼仪、餐饮管理、事件创新、视听和产品、谈判艺术和科学、志愿者管理
2.私人或政治活动	婚礼策划和咨询、娱乐和晚会策划、在线事件管理、政府和政治事件策划
3.主要事件	展览会管理、会议和大会管理、体育事件管理和营销、公司事件管理、节庆管理、营销事件管理
4.饭店和旅游	饭店管理、旅游产业、饭店产业概论
5.支持领域	管理信息系统、经济学、法律和道德、艺术和文化鉴赏
6.事件计划和运营	事件招标和策划、事件计划、事件运营
7.实操经验	专业实习、活动现场考察、项目和研究方法
8.赞助和营销	事件赞助、广告和公共关系、项目管理、事件营销
9.商业管理	交流、事件服务管理、预算和财务管理、人力资源管理
10.事件基本概念	战略管理、事件概论

三、我国会展经济与管理专业课程设置

1. 我国会展经济与管理专业设置

我国会展经济与管理专业设置始于2004年。教育部于2004年在首批两所高校设立会展经济与管理专业,分别是上海师范大学和上海对外贸易学院。教育部专业学科目录中和会展相关的专业有两个:"会展经济与管理"和"会展艺术和技术",其专业代码分别为110311S和050428S[①],前者的学科性质为管理学,后者的学科性质为文学。截止到2011年(即2011年允许招生),教育部批准设立会展专业的院校有50所,其中设立"会展经济与管

---

① 专业代码后带"S"表示在少数高校试点的专业,这说明会展经济与管理专业在我国还属于少数高校设立发展的专业。

理"专业的有45所①,设立"会展艺术和技术"专业的有6所,分别是上海大学(2005②)、华东大学(2006)、上海工程技术大学(2008)、西安建筑科技大学(2010)、南京艺术学院(2011)、四川美术学院(2011)。其中华东大学在2006年设立会展艺术和技术专业后,又于2007年设立了会展经济与管理专业。本文只研究会展经济与管理本科专业课程设置。

2. 我国会展经济与管理专业课程设置

由于各院校设置该专业的背景、学科基础以及所依托的优势专业不同,各院校在会展经济与管理专业课程设置上存在着很大的差异。通过对2011年前允许招生的45所设立会展经济与管理专业的院校所设置课程的统计,共开设了182门课程③。很多课程虽然内容相近,但名称不同。为了便于对课程进行分析,根据课程内容和教学目的,把这182门课程总结为53门课程,共分为9个模块(见表4):基础经管理论、财会和财贸、营销理论、产业与城市经济、项目管理、基本理论和主要会展管理、运营与后勤协调、实操技能、支持领域。

表4 我国会展经济与管理专业课程设置

序号	模块	课程名称
1	基础经管理论	经济学、管理学、公共管理学、经济法、管理信息系统
2	财会和财贸	会计学、统计学、财务管理、财政学、国际贸易
3	营销理论	市场营销、广告学、服务营销、公共关系
4	产业与城市经济	产业经济学、城市与区域经济管理
5	项目管理	项目管理、策划学、市场调查与分析、会展现场管理、会展客户关系管理
6	基本理论和主要会展管理	会展概论、会展经济学、会展营销、会议策划与管理、展览会策划与管理、大型活动策划与管理、体育活动策划与组织、会展旅游
7	运营与后勤协调	会展风险管理、会展信息化管理、会展电子商务管理、会展人力资源管理、场馆经营与管理、会展物流管理、会展设备管理、会展礼仪、商务谈判
8	实操技能	会展文案写作、参展理论与实务、展览工程实务、会展设计和传播、专业实习、会展英语
9	支持领域	旅游学概论、旅游与酒店管理、目的地经营与管理、战略管理、休闲服务管理、俱乐部管理、文化管理、消费心理学、会展政策与法规

---

① 它们是:上海师范大学、上海对外贸易学院(2004)、沈阳师范大学、广西财经学院(2005)、北京第二外国语学院、上海理工大学、上海应用技术学院、上海第二工业大学、复旦大学太平洋金融学院、浙江万里学院、厦门理工学院、广东商学院(2006)、东华大学、浙江大学城市学院、山东交通学院、河南财经学院、湖南商学院、广州大学、重庆文理学院(2007)、中山大学、华南理工大学、云南财经大学、重庆工商大学(2008)、南开大学、华东师范大学、北京联合大学、河北经贸大学、内蒙古财经学院、哈尔滨商业大学、武汉科技大学、湖北经济学院、湖南商学院北津学院、重庆工商大学融智学院、西安外国语大学(2009)、天津商业大学、杭州师范大学、浙江传媒学院、华南师范大学、广东工业大学(2010)、首都师范大学科德学院、河北经贸大学经济管理学院、辽宁对外经贸学院、浙江树人学院、电子科技大学中山学院、海南大学(2011)。
② 代表允许招生的年份,下同。
③ 2008年前允许招收会展经济与管理专业学生的院校共23所,但没有获得重庆工商大学主要课程相关资料,2009年招生的院校还没有在相关网站公布其主要课程。

四、建议

1. 建议强调基础经济管理课程的重要性

从各国会展管理专业所在的学院来看,大都把会展管理专业设置在工商管理学院下,会展管理的基础课程也都强调一般的分析方法和专业的分析工具。虽然我国把会展经济与管理专业设在了公共管理学科下,但其大的学科目录还是属于管理学。因此,经济管理基础课尤其重要。

2. 建议课程设置要依据会展本身运行规律

会展经济运行有其自身规律,会展活动管理有其自身特点。课程设置应使学生掌握会展运行规律和项目管理全部环节,如前面 EMBOK 知识体系中所提到的所有环节。

3. 建议课程设置要模块化

会展活动包括多种类型,如会议、展览、节庆活动、体育赛事等,每种活动都有各自的特点。应该从德国会展专业课程设置中吸取经验,按不同活动类别设置课程。

4. 建议相对降低产业与城市经济等类型课程的比重

由于我国把会展经济与管理专业设置在"公共管理"学科目录之下,而公共管理在我国发展还很不成熟,还没有通开的专业基础课。在这种特殊的情况下,我国部分会展院校为了体现其公共管理学科属性,设计了诸如"产业经济"、"城市经济"等一些公共管理的课程。虽然不能说这些课程不重要,但相比于其他课程来说,在学分一定的条件下,应适当降低此类课程的比重或降低其课程的重要程度。从国外各会展院校课程设置来看,也基本上没有此类课程。

5. 建议结合各院校优势,设计特色课程

我国设置会展经济与管理专业的大部分院校将其设在旅游学院或与旅游相关的学院,这主要是因为旅游和会展从产业运营方面相互融合,不可分离,旅游专业知识同时也是会展专业人才的必备知识,这使旅游学院具备设置会展经济与管理专业的优势。还有一些院校将其设在商学院、贸易学院、管理学院、文化传播系,这主要是因为会展专业多学科交叉的特点使其与工商管理、贸易、传播都具有密切联系。甚至还有些院校将其设在出版印刷学院、金融服务系等。

因此,各个院校在设置课程时,应结合会展专业所在院系的优势学科和专业来设置相关的特色会展课程,以达到资源整合和优势互补的效果。在设置课程时,可以将此类特色课程设为选修课。

(作者单位:北京第二外国语学院 会展研究中心 100024)

参考文献

[1] Getz D. Event Management & Event Tourism [M]. New York: Cognizant Communication Corporation, 1997.

[2] Getz D. Event Studies and Event Management: On Becoming an Academic Discipline [J]. Journal of Hospitality and Tourism Management, 2002, 9(1): 12–23.

[3] Getz D, Wicks B. Professionalism and Certification for Festival and Event Practitioners: Trends and Issues[J]. Festival Management & Event Tourism,1994,2(2): 103-109.

[4] Harris R, Jago L. Event Education and Training in Australia: The Current State of Play[J]. Australian Journal of Hospitality Mangement,1999, 6:45.

[5] Perry M, Foley P. Rumpf P. Events Management: An Emerging Challenge in Australian Higher Education[J]. Festival Management & Event Tourism, 1996,4(3/4): 85-94.

[6] 李瑶亭. 从会展专业学生就业现状看我国会展教育——试论我国会展专业课程体系建设[J]. 上海应用技术学院学报,2009,9(1):84-88.

[7] 张显春. 对旅游会展专业人才培养及课程体系建设的思考[J]. 桂林旅游高等专科学校学报,2005,16(4):93-95.

[8] 饶雪梅. 关于构建高职会展管理专业课程体系的探讨[J]. 旅游学刊:旅游人才与教育教学特刊,2003,96-98.

[9] 包风达,李竹宁. 会展专业定量分析系列课程改革研究[J]. 上海应用技术学院学报,2009,9(1):81-83.

[10] 陈玲. 会展专业课程设置与高校会展人才培养问题探讨[J]. 山西财经大学学报:高等教育版,2007,10(2):67-68.

[11] 刘德艳,董潘. 美国的会展教育及对中国的启示[J]. 中国高等教育,2005,11:46-47.

[12] 刘大可,张文,王向宁. 美国会展管理教育及其对我国的启示[J]. 旅游科学,2003,1:1-4.

[13] 马勇,肖轶楠. 我国会展专业的课程设置与人才培养[J]. 旅游科学,2005,19(1): 75-78.

[14] 丁烨. 中德高校会展教育比较和启示[J]. 桂林旅游高等专科学校学报.2008,19(2): 313-316.

[15] Parkay W, Stanford B. Becoming a Teacher[M]. Boston:Allyn and Bacon,1998.

[16] Parkay W, Hass G. Curriculum Planning:A Contemporary Approach[M]. Boston: Allyn & Bacon,2000.

[17] Ornstein A C, Hunkins F P. Curriculum-Foundations, Principles, and Issues[M]. New York:Pearson Education, 1993. http://www.pref.okinawa.jp/97/FTZ/kokutoshi/sesaku-e.html.2004.

[18] Silvers J R, Bowdin G A J, O'Toole W J, Nelson K B. Towards an International Event Management Body of Knowledge(EMBOK)[J]. Event Management, 2006(9):185-198.

[19] Getz D. Defining the Field of Event Management[J]. Event Management,2000,6: 1-3.

[20] Allen J,O'Toole W,McDonnell I, Harris R. Festival and Special Event Management[M]. 3rd ed. Brisbane:John Wiley & Sons Australia Ltd, 2005.

[21] Bowdin G, McDonnell I, Allen J,O'Toole W. Events Management[M]. Oxford: Butterworth-Heinamann, 2001.

[22] Goldblatt J. Special Events:Global Event Management in the 21st Century[M]. 3rd ed. New York: John Wiley & Sons, 2002.

[23] Stafford J. Standards and Certification for Event Professionals[J]. Festiaval Management & Event Tourism,1993,1(2):68-70.

[24] Royal C G, Jago L K. Special Event Accreditation: The Practitioners' Perspective[J]. Festival Management & Event Tourism, 1998, 5(4):221-230.

[25] Robson L M. Event Management Body of Knowledge (EMBOK): The Future of Event Industry Research[J]. Event Management, 2008(12):19-25.

[26] http://business.gwu.edu/ugrad/academics/fouryear/bba.cfm

[27] http://financialaid.unlv.edu/class_schedule/index.asp

[28] http://www.ucas.com/search/index.html(retrieved July 11,2009).

[29] Lee K M, Lee M J, Kim H J. Comparing Perceptions of Event Management Curriculum: A Factor-correspondence Analysis[J]. Event Management, 2008(12):67-79.

中外管理类人才培养模式及实践经验探讨[①]

邹统钎　金川　余繁华

【摘　要】　本文从国内管理类人才培养的研究现状入手，从培养目标、课程设置、培养途径、师资配备和保障体系等方面研究了国内对管理类人才培养的主要观点和实践经验。从世界顶尖大学牛津大学和国内专业性、实践性为主的浙江越秀外国语学院的教学经验中，总结出对我国管理类人才培养的启示，提出了我国高校在管理人才培养目标、课程设置、教学方式等方面的改进方式。

【关键词】　人才培养；导师制；教学管理；评价体系

一、背景介绍

我国普通高校经济管理类人才的培养规模越来越大，专业点由1998年的1276个猛增至目前的2868个。在2868个本科专业点中，理工类院校拥有971个专业点，占全部点数的33.8%；综合大学拥有623个专业点，占全部点数的21.74%；财经类院校拥有537个专业点，占18.74%；农医类拥有189个专业点，占全部点数的6.59%。各类高校经济管理类毕业生的数量越来越大。传统的以就业教育为目的的人才培养模式面临着前所未有的挑战，经济管理类大学毕业生的就业压力也日趋突出。

目前，国内大多数高校工商管理类专业在人才培养目标导向和人才培养质量观上存在误区，工商管理教育最突出的一个缺陷是实践教育的缺失。学生普遍只对书本知识"死记硬背"而不能真正领悟其中真谛，无法将理论与实践有效互动，这样影响了学生对所学知识价值的认识并降低了学生学习的积极性，最终严重影响了人才培养的质量。国内工商管理教育要走出困境，必须进行改革和创新。

二、国内研究基础

国内学者针对目前我国高校经管类人才培养现状，从传统教学模式与现代教学方式的演变与借鉴、学习与实践之间的关系、中外管理类人才培养模式差异等方面论述了我国管理类人才的培养模式现状、问题及创新方法。在总结传统教学方法和多角度诠释新兴教学方法的基础上，各学者提出了案例教学讨论法、角色扮演法、模拟试验法等一系列新方法。学习活动不是由教师单纯向学生传递知识，也不是学生被动地接受信息的过程，而是学生凭借

[①] 本研究得到"旅游管理国家级特色专业"项目资助。

原有的知识和经验,通过与外界的互动,主动地生成信息的意义的过程。李丽敏(2010)以建构主义学习理论为基础,对管理类人才培养的特点加以论述,认为目前的教学方式方法、教学内容构建、教学评价等仍然摆脱不了传统教学模式的束缚,主张在建构主义知识观、学习观、教学观、评价观、教师观和学生观基础上构建新的教学模式。杨静和张庆亮(2006)从培养途径和方法、培养制度两个大的层面对国内外工商管理类专业培养模式进行比较,从操作层面论述了中国管理类人才培养方式的差异与国内培养方式的相关补位。周玉玺、刘勇涛、周霞(2010)重点论述了经管类人才的实践实验教学方式,将经管类人才实验实习体系分为技能训练、实践和实习三部分,对我国以课堂教学为主的培养模式的软肋——实验和实践活动进行了有益的探讨(见图1)。

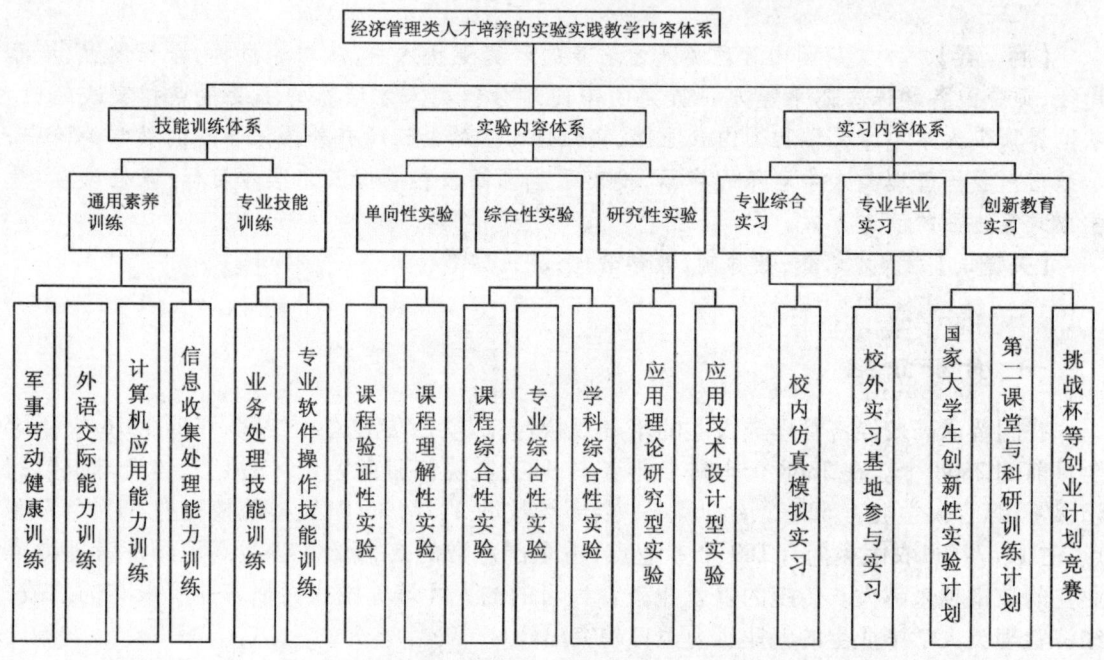

图 1　经济管理类人才培养实验实践教学内容体系结构①

表 1　其他国内管理类人才培养研究

研究者	培养目标	课程体系	培养途径——教学内容、教学方法、教学环节	师资队伍	考核评价	保障机制
(唐根丽、陈忠卫,2008)		加强传统的"基础课程—专业基础课程—专业课程"的链式结构,增加"创业导向×职能性课程"	● 教学方法:变单向为双向,教师变独立为合作; ● 实践教学:实验室建设、大学生创业实践基地和创业孵化基地的建设	理论教学为主的师资+丰富实战经验的企业家;创业咨询经验+职能性理论教学的师资	变单一的闭卷为多种形式的综合考试;侧重于掌握知识为创新能力的考核导向	

---

① 周玉玺,刘勇涛,周霞.经济管理类人才培养的实践技能要求与教学环节设计[J].中国农业教育,2010(3):48-51.

续表

研究者	培养目标	课程体系	培养途径——教学内容、教学方法、教学环节	师资队伍	考核评价	保障机制
（金国峰、董富华，2005）		构建"厚基础、宽口径"的合理知识结构，开设"三大论坛"——经济论坛、企业家论坛、创业设计论坛	●教学方法：案例教学法、模拟教学法、项目教学法； ●专业学习与实践：推行短学期专业实践，建立广泛的专业实践基地，校企联合办学			
（王崇举、郑旭煦、曾庆均，2009）	不同形式和多个环节的开放教育	●深化国际交流合作，校企合作； ●三进：企业家和官员进课堂，进讲坛，进实验室； ●课程体系：分层递进，学科专业交融的"五层次"，即学科基础实验—专业基础实验—专业综合实验—学科综合实验—创新与创业实验； ●三开放：环境、课堂、学科专业				建立网络学习资源库，搭建校内实习实训平台，延伸实验教学课堂
（刘辉，2011）	培养基础知识扎实、综合素质高、实践应用能力强的应用型管理人才，即"一体两翼应用式（3-Application）"	●培养体系：以专业主干课程教学体系、专业实验实训和实践体系以及职业技能培训和创新创业教育体系为核心的"三位一体开放式（3-Open）"； ●培养方式：通过实施通识化大类招生、模块化课程体系设置、创新化教学方法改革、多样化实践教学活动、科学化教学质量监控的"五化综合式（5-Comprehensive）"； 通过实证调研和理论研究将以上系统操作化为具体措施		官产学研结合，"双师型"	教学督导、领导听课、学生信息反馈、网上评教、同行评教、教学检查、毕业生跟踪反馈	领导和制度保障
（蒋永跃，2009）	由单一型的专才教育目标向多元化的通才教育目标转变	不仅要了解管理学科和跨学科知识，具有良好的外语交流能力和计算机应用能力，而且要具有较强的环境适应能力和创新能力，必须加强管理专业学生跨学科和计算机网络方向的课程学习	压缩学时总数，减少必修，增加选修，加大案例教学；双向交流，注重实践教学		学历层次的提高和职称结构的合理化	
（蔡保兴，2005）		教材：精引进、重整合、鼓励自编		理论课教师访学，实务课教师挂职	笔试、口试、上机考试、场景模拟	综合学生与学校、学生与教师、教师与学校之间的关系进行综合考评

三、实践借鉴

1. 国际经验——牛津大学

拥有800年历史的牛津大学为世界输送了大量的管理人才和领导力量。由于牛津大学对宏观方向的整体把握和具体教学实践的创新之举，使之成为世界各地著名高校效仿的对象。长期以来，被誉为"天才和首相的摇篮"的牛津大学一直以培养领袖型人才为目标，除了要求学生要有对成功的渴望和上进心之外，还注重培养学生的合作精神、人际交往能力、创造性等技能与素质。

在教学上，牛津大学不把学生的思维局限在教材的框架下，教师仅提供若干参考资料和大纲及在相关学科中具有影响力或有争论的论文给学生，注重学生自我学习能力和自主思维能力的培养。在课堂教学、讲座、实践、学生自学和课外活动中，都始终强调导师的主导作用。学生有许多机会接触到导师，得到老师的指导，并与导师平等地交流。学生每周与导师单独见一面，向导师宣读针对导师所开书目或指定问题写的小论文。导师还会安排很多讲座，学生都可以自由发言、平等讨论。

在考核上，课程学习一般采用随堂考试、平时作业和个人展示三种考试方式。随堂考试简短易答，而presentation（个人展示）是在结课时，在课堂上展示自己的学习成果，时间为15分钟到1小时，老师根据学生的陈述和回答问题的表现打分。Presentation并不是单个人完成，而是小组展示，体现小组成员的分工协作。

牛津大学在培养优秀管理人才方面的经验主要有以下几点：

（1）全面管理者培养体系。牛津大学改变以往过窄的专业教育为中心的课程体系，转变为加强综合素质培养的大专业教育。通过课程的重组，构建跨学科课程，展现知识经济最新动态，进一步拓宽专业口径。牛津大学管理类的本科生除了深入学习一门专业，还将学习相关专业的联合课程，如哲学与经济学、财政与金融分析等。

（2）交叉重叠的教学和科研。在牛津大学，研究和教学充分结合在一起，每学期牛津大学都要求教师通过讲课（Lecture）、研讨会（Symposium）、讲习班（Seminar）、公开讨论（Opendiscuss）和学术会议（Conference）等形式汇报自己的研究成果。这不仅有利于活跃思想，更有利于教学内容的更新，使学生能够站在学术最前沿，触摸到最新的知识和信息。

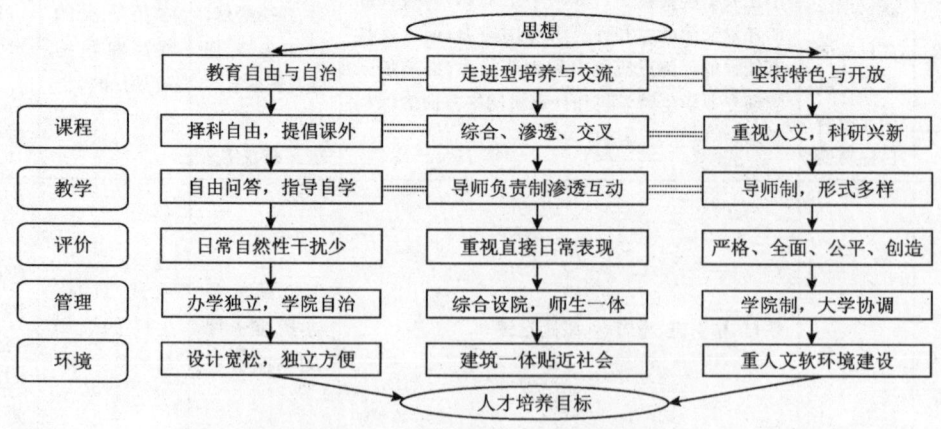

图2　牛津大学人才培养体系图（刘咏梅、戴敏，2009）

(3) 弹性灵活的教学管理体制。全面推行学分制和学院制,允许学生跨学科、跨年级选课,允许学生提前毕业或延长学习期限,给予学生自主选择学习进程的自主权。这点在我国的大部分高校都已经实行,并且获得了较多有益的经验。

(4) 激发创新的人才评价与激励机制。牛津大学将学生的自主创新能力作为一项重要的评价指标,改变以分数排名的单一的评价模式,建立能充分体现学生创新意识、素质、能力的评价内容、方式、方法和标准。激励学生汲取知识,形成并维护自己的观点。

历史悠久的国际知名综合性大学的管理经验值得借鉴,国内的应用型专业化本科院校立足于中国本土特色,在经管类人才的培养上也积累了相当的教学经验,特别是在实践能力的培养方面。

2. 国内经验——浙江越秀外国语学院

浙江越秀外国语学院是一所应用型本科院校,主要培养应用型外语人才和涉外经管人才。学院在教学实践中,构建了一套由 PBGS 教改、学科竞赛、创业指导和机制保障四个方面组成的工商管理类人才培养创新教育模式。其教育模式如图 3 所示:

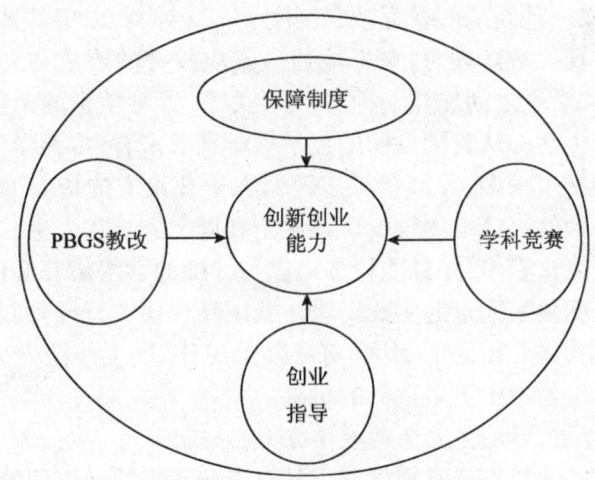

图 3　工商管理类人才培养创新教育模式

(1) PBGS(Project Based Group Study),意为基于项目的团队自主学习,即教师在授课过程中布置一些真实或仿真的项目,让学生组成团队分工协作完成。具体操作如下:确定项目→分组与分工→完成项目→汇报展示→成果点评。

(2) 学科竞赛,学校建立了竞赛指导教师团队并将之作为学生参赛时的知识支持,并提供充裕的外部资源作为参赛时的技术支持。有些学科竞赛,从严格意义上来讲就是教师指导水平的比拼。外部资源主要包括开发的网络实验室和经费上的支持两大类。

(3) 同时通过开设创业教育课程、成立创新创业社团、举办创业计划大赛以及开设格子铺和跳蚤市场、电子商务应用课程创新等形式进行创业指导。

(4) 为使创新教育模式的三个模块有效地发挥作用,学校还建立了比较完善的配套保障机制。例如,扩充图书馆和资料室的藏书,加大作业的成绩比例,建立综合职业能力测评体系,对教师给予相关费用报销和工作量的核算等措施。

四、对我国管理类人才培养的启示

1. 树立人才培养目标，配备相应教学体制

为适应知识经济的要求和需要，现代管理人才不仅要深入掌握管理专业知识，还要具备强大的个人能力和综合素质。我国高校应该树立相应人才管理目标，培养多层次、综合素质较高的管理人才以适应社会的需要。不仅要注重专业知识的培养，更要注重学生的人际交往能力、团队合作能力和沟通能力的培养。树立大专业的教育理念。高校管理类专业除了要开设比较基础和稳定的专业基础课外，还应开设适应社会和市场的需求，增设更多的技能培养课程。在教学体制方面，鼓励学生尝试新的课程和方向，容许跨专业和跨学科的学习。

2. 强化导师的作用，鼓励学生与导师的交流

导师制与学分制、班建制同为三大教育模式。导师制由来已久，早在19世纪，牛津大学就实行了导师制，其最大特点是师生关系密切，被誉为"世界上最为有效的教育关系"。导师不仅要指导学生的学习，还要指导他们的生活。近年来，国内各高校都在探索研究生教育以外的高等教育也能建立一种新型的教育教学制度——导师制，以更好地贯彻全员育人、全过程育人、全方位育人的现代教育理念，更好地适应素质教育的要求和人才培养目标的转变。这种制度要求在教师和学生之间建立一种"导学"关系，针对学生的个性差异，因材施教，指导学生的思想、学习与生活。从我国目前的大学教学现状来看，本科学生就已经配备相应导师，但一个导师指导的学生较多，导师指导多停留在毕业论文的指导，而对平时的学习生活指导比较少，学生与导师的交流也比较少。在硕士和博士人才培养上，导师的指导作用比较明显，学生与导师的交流比较多，并且能较多地参与导师的学术研究和课题项目。牛津大学的导师制建立时间早，积累了大量的实践经验。我国高校在实行导师制时，要多创造导师与学生交流和接触的机会，建立相应的制度，对导师的工作量、工作能力进行核算并建立奖励机制，在科研和学术上给予学生更多参与的机会。

3. 改进传统教学方式，开创多元化的教学方式

高校在培养管理人才时，重点不是培养仅具有专业知识的知识型管理人才，而是要注重造就职业经理人。在未来竞争激烈的社会里，对职业经理人的素质要求愈来愈高。未来的职业经理人既不是单纯的技术专家，也不只是精通领导艺术的专家。他们不仅要胜任富有成效的管理工作，还要有力地领导自己的团队在同心协力完成既定目标的同时，时刻准备迎接新的挑战。这就要求我们在教学方法上的创新，改变传统的课堂教育，而增强操作实践内容。参照浙江越秀外国语学院的教学经验，我国高校在教学实践中要多用案例教学法，多运用仿真项目和学科竞赛等活动，鼓励学生的小组合作和参与。同时结合导师制，鼓励导师在实践活动中发挥指导作用。

4. 变革评价方式，促进学生全面发展

目前，我国各高校已经基本采用期末成绩与平时成绩相结合的学科学习评价指标，这在一定程度上能改变成绩排名决定一切的状况，能照顾到学生的个人特长。我国高校普遍存在着学生平时对课程学习没有倾注多大精力，而在考试前突击背考试重点的现象。鉴于此，有必要加大平时考核方式的比重和分量，建立综合考核与评价体系。

5. 改善校园教学条件，营造良好的学习环境

教室、图书馆、实验室是学生学习、科研及和老师互动的主要场所，学校要强化服务意

识,营造良好的硬件环境,特别是计算机系统和信息系统的建设,最大限度地方便学生和老师的学习和科研。在图书馆的硬件设施的改造、数字资源的利用、校园无线网络的架设、实验室的设计上下工夫。

(作者单位:北京第二外国语学院　北京　100024)

参考文献

[1] 李丽敏. 基于建构主义理论管理类人才培养研究[J]. 2010(20):411.
[2] 杨静,张庆亮. 中外工商管理类人才培养模式比较[J]. 现代企业,2006(10):17-18.
[3] 周玉玺,刘勇涛,周霞. 经济管理类人才培养的实践技能要求与教学环节设计[J]. 中国农业教育,2010(3):48-51.
[4] 唐根丽,陈忠卫. 创业导向型经济管理类人才培养模式的构建研究[J]. 科技创业,2008(11):37-38.
[5] 金国峰,董富华. 高校工商管理类人才培养方式与就业渠道探索[J]. 理工高教研究,2005(2):91-93.
[6] 王崇举,郑旭煦,曾庆均. 突出开放教育和全程实验教学的经济管理类人才培养模式创新实践[J]. 2009(11):37-39.
[7] 刘辉,应用型工商管理类人才培养模式创新研究与实践探索——以宝鸡文理学院工商管理人才培养实验区建设为例[J]. 2011(12):113-116.
[8] 蒋永跃. 管理类人才培养模式改革探讨[J]. 科技信息,2009(28):53.
[9] 蔡保兴,经济管理类人才培养模式重构的研究[J]. 安徽工业大学学报:社会科学版,2005(1):102-104.
[10] 李莉. 社会学视阈下的牛津大学导师制[J]. 高教探索,2008(5):34-37.
[11] 刘咏梅,戴敏. 牛津大学管理类人才培养的特点及启示[J]. 中国电力教育,2009(4):177-179.
[12] 单胜江,李总,李建英. 创新教育视域下高校工商管理类人才培养模式的构建——基于浙江越秀外国语学院的实践与探索[J]. 中国电力教育,2010(16):39-41.
[13] 百度百科:"导师制"(http://baike.baidu.com/view/862994.htm).

旅游职业经理人入学制度比较研究

邹统钎 齐昕 王浩

【摘 要】 本文首先介绍中外旅游管理专业硕士的入学制度,分别选取三所典型高校作为研究对象。进而对比中外旅游职业经理人教育入学制度的差异,借鉴国外先进经验,探索适合中国高校旅游职业经理人甄选的方式。以旅游职业经理人培养目标为核心,严于录取标准,保证生源质量,加大面试考核比重,多种方式考查学生能力。

【关键字】 旅游职业经理人;高等教育;入学制度;MTA

2010年9月2日,中外旅游管理专业硕士(Master of Tourism Administration,以下简称MTA)被国家列入2011年全国研究生统一招生计划,在全国24个省、直辖市和自治区的57个MTA授权点进行招生。MTA是旨在培养旅游行业高层次应用型专门人才的教育项目,它与现行的工商管理硕士(MBA)、公共管理硕士(MPA)属同一类型与层次。MTA主要招生对象是具有一定实践经验,未来从事旅游业管理工作的人员。MTA的设立为中国旅游高端人才的培养开辟了一条崭新的道路,为旅游职业经理人的培养孕育了沃土。

中国的旅游职业经理人出现于20世纪80年代后期,近30年来,他们以高度的责任感、良好的职业情操、出色的经营管理能力塑造了中国旅游企业品牌,为中国旅游业获得今天的业绩作出了贡献。

本文以旅游管理专业硕士的入学制度为研究对象,探索中国旅游管理研究生进入门槛的特点,对比中外旅游管理专业硕士的入学制度的差异,寻找未来中国旅游管理专业硕士科学发展的道路,选拔潜在的培养对象,为培养更加优秀的旅游职业经理人提供思路。

一、中国大陆入学制度

在国外,早已形成专门培养旅游职业经理人的旅游管理高等教育培养人才模式,而在中国对旅游职业经理人的培养刚刚起步。大陆MTA招生与MBA招生方式相似,采用联考的方式,分为初试和复试两个部分。初试科目设外国语、管理类联考综合能力两个单元,满分分别为100分、200分,由全国工商管理硕士入学考试研究中心统一命题。其中,综合能力包括数学(75分)、写作(65分)和逻辑(60分)。初试每科考试时间为3小时,考察方式均为笔试。复试由各学校自主出题,考试方式是面试和笔试相结合。

大陆研究部分,本文选取中山大学、南开大学和北京第二外国语学院三所高校作为研究

---

① 本研究得到"旅游管理国家级特色专业"项目资助。

对象。这三所学校是全国首批招收MTA的高校,旅游管理专业在国内外享有盛名,培养了大量的优秀旅游人才。其中,中山大学是全国第一批具有旅游管理博士学位授予权的单位,教学和科研力量雄厚,在国内具有深远影响。南开大学旅游学科始建于1981年,是教育部直属综合性高等院校中最早建立旅游学科的院校,在我国旅游学科的理论发展、实践应用和改革创新三个阶段都发挥了领军作用,30年来为社会培养了大批优秀旅游人才,被誉为中国旅游界的"黄埔军校"。北京第二外国语学院(以下简称"北二外")的旅游管理专业是国家级特色专业,北二外强调国际化和产学研一体化,积极探索"全球产业领袖"的人才培养模式。

大陆高校都以培养高级旅游管理人才为导向,进行MTA培养目标界定,详见表1。

表1 大陆三所高校MTA培养目标

	中山大学	南开大学	北二外
培养目标	培养具备良好的政治思想素质和职业道德素养,深度掌握旅游发展理论、规律和管理方法及技能,熟悉旅游业务实际,具有优秀的沟通能力和解决实际问题的综合能力,能够胜任现代旅游业实际工作需要的高层次、应用型、复合型旅游管理专门人才	与国内外产业领先专业机构合作,为旅游管理、旅游地产、旅游金融、旅游文化、旅游制造、旅游体育等整个旅游产业链培养具有国际化视野、战略思维能力与执行力的产业领军人才及复合型管理人才	定位于培养旅游业、饭店业、会展业及相关衍生产业的产业领袖,培养学员的全局观、国际视野、企业家精神和职业经理人素质及能力;帮助学员树立毕业后10~15年的发展目标,规划其发展路径
学制	三年	脱产MTA(Full-time MTA):学制为两年,在职MTA(Part-time MTA):学制为两年半	三年
培养方式	只招收非全日制委托培养硕士生,周末上课	上课时间一般为周末	非全日制,周末上课

可见,三所高校MTA均强调既有理论知识又有实践能力的培养方向,通过两至三年的培养,实现高级管理人才、产业领袖和旅游职业经理人的培养目标。

三所高校MTA招生入学要求类似,基本上从国籍、政治思想品德、身体状况和学历要求等几个方面甄选考生资格。详细入学要求见表2。

表2 大陆三所高校MTA入学要求

	中山大学	南开大学	北二外
国籍	中华人民共和国公民	中华人民共和国公民	中华人民共和国公民
政治思想品德	遵守中华人民共和国宪法和法律,道德品行良好	拥护中国共产党的领导,愿为社会主义现代化建设服务,品德良好,遵纪守法	拥护中国共产党的领导,愿为社会主义现代化建设服务,品德良好,遵纪守法

续表

	中山大学	南开大学	北二外
身体状况	身体健康状况符合国家和我校规定的体检要求	身体健康状况符合国家和招生单位规定的体检要求	身体健康状况符合规定的体检标准
学历要求	大学本科毕业后有不少于3年工作经验者；已获硕士或博士学位并有不少于2年工作经验者；大专毕业后有不少于5年工作经验，且必须同时符合如下要求者：(1)已取得报考专业的大学本科主干课程成绩8门以上（必须由教务部门出具成绩证明或出具本科自学考试成绩通知单）；(2)已在省级学术杂志发表过2篇以上属于所报考的学科专业范围的学术论文，其中第一作者的论文不少于一篇，或获市厅以上（含市厅级）与所报考的学科专业范围相关的科研成果奖励，且为主要完成人；(3)通过国家英语四级考试（参加总分为100分的四级考试成绩不低于60分，参加总分为710分的成绩不低于426分）	(1)大学本科毕业后有3年或3年以上工作经验的人员；(2)获得国家承认的高职高专学历且毕业后有5年或5年以上工作经验，达到与大学本科毕业生同等学力的人员；(3)已获硕士学位或博士学位并有2年或2年以上工作经验的人员	(1)大学本科毕业后有3年或3年以上工作经验的人员；(2)或大专毕业后有5年或5年以上工作经验的人员；(3)或已获硕士学位或博士学位并有2年或2年以上工作经验的人员
其他	(1)考生持境外获得的学历证书报考，须通过教育部留学服务中心认证；(2)考生不能同时报读我校的硕士和博士研究生；(3)报名前征得所在工作（或学习）单位同意		在境外获得的学历证书须通过教育部留学服务中心认证

可见，MTA招生要求考生必须是中华人民共和国公民，政治思想品德优良，身体健康状况良好，有3年或者3年以上的工作经验（但是，未要求工作必须与旅游相关）。事实上，MTA的招生要求与现行的MBA招生要求基本上是一致的。

二、境外入学制度

境外部分选取香港理工大学、美国康奈尔大学和澳大利亚昆士兰大学作为研究对象。香港理工大学酒店及旅游业管理学院是亚洲首屈一指的酒店及旅游教育机构，被评级为全球四大酒店及旅游管理学院之一，是亚洲之冠。香港的高等教育制度延续英国高等教育风格，与大陆高等教育差异大，因此，将香港理工大学归到境外研究对象，代表欧洲教育模式。康奈尔大学酒店管理学院成立于1922年，是第一个开设酒店管理专业的学校，被誉为世界上酒店教育领域的领头羊，专业世界排名第一。康奈尔大学位于美国，其教育模式可以代表北美的教育模式。昆士兰大学是澳大利亚的五星大学之一,其旅游管理专业是该校的名牌专业,与世界上各地高校联系紧密,培养了大量的旅游人才。以昆士兰大学代表澳大利亚的教育模式。

这三所大学开设旅游管理硕士时间久,有成熟的旅游管理硕士招生制度和培养模式。研究其招收旅游管理硕士的入学制度,对我国入学制度改革具有深远意义。

表3 境外三所高校旅游管理硕士入学要求

	香港理工大学	康奈尔大学 MMH	昆士兰大学 MIHTM
英语水平	雅思6分,CET 6 或者托福79分以上	GMAT 至少630分;托福至少80分,其中,单科写作20分、听力15分、阅读20分、口语22分	雅思总分6.5分,单项不得低于6.0分
工作背景	不少于1年的相关工作经验		无须工作经验
学历要求	相关专业背景的学士学位		具有任何专业的学士学位
大学成绩			GPA 至少4.5

资料来源:根据三所学校官方网站的招生简章整理。

三、中国大陆对比研究及经验启示

1. 中外入学制度对比

(1) 入学资格的审查

相对我国注重考试成绩,国外更重视对学生综合能力的测评。

国外院校在入学资格审查方面,从考试成绩和学生的综合能力两个方面进行审查。通过面试设计一些问题和情景,考察学生的期望目标是否与学校的培养目标一致,学生是否有成为产业领袖的意愿、是否具有成为领导者的潜能、是否具有创新胆识和冒险精神等必备素质。如康奈尔大学在酒店管理硕士(The Master of Management In hospitality,简称MMH)的招生简章中明确提出,招收希望提升职业的行业老手或者希望改变职业的人,通过学习实现成为酒店业领袖的目标。

由于我国MTA刚开始起步,在招生入学资格审查方面滞后。如在第一年MTA招生中,有的院校生源严重不足,为了完成招生目标,从旅游管理学术型研究生的生源或者其他生源中调剂学生。学术型生源的期望目标与MTA的培养目标截然不同,使得MTA生源质量得不到保证,与培养旅游职业经理人的初衷背道而驰,造成了教育资源的浪费。

(2) 英语能力

国外对学生的英语学生能力要求极高,如英联邦国家高校一般要求考生雅思总分6.5分,单项不得低于6.0分;北美国家高校要求考生新托福成绩一般不低于80分,并要求GMAT成绩。无论是雅思考试还是托福考试,都是一种对非英语国家的人英语能力的测试,通过考试考察考生的写作、口语、听力和阅读能力,判断其是否达到能够在英语国家生活学习的要求。而我国MTA采取联考的方式来测试考生的英语能力,改变不了其应试考试的本质属性,考察的是考生的应试能力而非英语能力,违背了英语考试的初衷。

(3) 入学考核方式

对比中外旅游管理硕士的入学考核方式,可以看出国外旅游管理硕士大多采用申请方式,需要一定的工作经验,我国主要采取考试的方式进行考核。

国外旅游管理硕士一般采用申请的方式。具备一定工作经验,英语能力过硬,希望成为未来旅游职业经理人或者产业领袖的考生,便可以向学校提出申请。如英国帝国理工学院 MBA 项目的申请者,必须满足以下条件:具有一等学位或与二等下荣誉学位同等的专业资历,毕业后有一定成就,毕业后至少有 3 年的工作经历,有优秀的推荐人。对于不满足学位要求的申请者,学院将根据其职业成就、GMAT 分数、面试表现和推荐人来加以筛选;对于学位未达一等的申请者,学院要求其参加"特别资格考试",只有通过其中每一项考试才能有资格进入录取程序第二步——面试。面试通常由教师面对面考察,特殊情况下采取电话面试。对于语言能力,MBA 项目要求申请者的 GMAT 成绩不得低于 600 分,EMBA 项目则不作要求。但所有母语不是英语、未接受过英语授课或毕业后未在英语国家工作 1 年以上的申请者,必须通过英语测试。

而我国依然重视笔试考核,现行入学联考制度,笔试考核方式占 MTA 招生考试的比重极大,如果初试达不到分数线就没有面试的机会。初试全部为笔试,笔试在复试中也占有相当比例。由于过分强调笔试,造成通过面试甄选考生的空间太小。目前的联考制度,使得相当一部分素质好、具有丰富实践经验的考生由于入学考试这个门槛被拒之门外。

(4) 其他

在学生国籍、政治背景等方面,中外要求截然不同。国外不仅招收本国考生,更欢迎国际学生前来就读,营造良好的国际化氛围。国外高校对考生的政治背景无要求。我国目前只招收中国籍考生,并且要求其坚决拥护党和国家,这是与我国的国情相适应的。只有在思想上自觉拥护党的领导和坚定社会主义道路,才能在行动中忠于党和国家。但是,只招收中国籍的考生,有局限性,阻碍了 MTA 教育的发展。MTA 教育需要国际化平台支撑其向着共享、共通、多元的方向发展。

2. 经验启示

(1) 录取标准严格,保证生源质量

生源质量是 MTA 教育质量的基础。选拔期望目标与 MTA 培养目标相符的考生,是 MTA 入学制度中的首要工作。哈佛商学院的 MTA 入学体制值得我国学习。哈佛商学院制定了"优秀的潜在的管理才能是唯一的入学标准"。一般来说,学生入学主要考虑三个基本条件:智力(在校学习成绩)、潜在管理能力和个人领导才干及气质。入学标准还要参考学生的管理能力测验(GMAT)的成绩以及来自毕业大学教授和工作单位的推荐信。

旅游职业经理人在从业过程中会遇到各种问题,企业管理的过程中特别强调理性思维(RQ)的重要性,这是成功的保证;IQ(智商)是成功的必要而非充分条件;EQ(情商)是成功的心理基础;SQ(胆量)是成功的前提,而 RQ(理性思维)是成功的保障。把这些综合起来,就是职业经理人的成功商数。

管理教育的目标和价值,就在于提高成功商数。MTA 教育的真正价值便在于此。只有在录取阶段综合评测学生的各方面能力,才能确保培养目标与培养对象相符,使得教育资源得到有效利用,最终实现旅游职业经理人的培养计划。

(2)加大面试考核比重,多种方式考查学生能力

面试是选拔学生的重要方式之一,也是甄别考生能力是否符合 MTA 要求的重要途径。面试可以考察学生的道德修养、表达能力、处理问题的成熟度以及分析问题的能力等。能进入美国著名商学院的学生大多数是大学时代的优秀生,他们不仅持有良好的推荐信,而且很多人已在管理岗位上初显身手。美国商学院 MBA 教育一般采用独立招生制,综合多种入学指标,特别注重申请者的工作经历和面试表现,其中重要的 GMAT 考试并不是考察学生的管理知识,而是注重考察学生的潜在学习能力和学习商业管理知识、技能的可能性。也就是说,美国 MBA 教育更看重学生的潜在发展能力。

我们的入学考试要借鉴美国多种指标综合考察的经验,突出能力测试,强化复试环节,特别防止各高校为了抢夺生源而将综合面试走过场的情况,这不利于我们选拔具有管理潜质的学生加入 MTA 项目的学习中。我国的 MTA 考试改革应努力与国际接轨,继续探索有助于提高 MTA 教育质量的招生录取方法。借鉴 GMAT 考试方法,从现行的选拔性考试转向资格性考核。

(作者单位:北京第二外国语学院 旅游管理学院 北京 100024)

参考文献

[1]中山大学旅游管理学院(http://stm.sysu.edu.cn/index.html).
[2]南开大学旅游与服务学院(http://tas.nankai.edu.cn/).
[3]北京第二外国语学院旅游管理学院(http://www.bisu.edu.cn/Item/24476.aspx).
[4]康奈尔酒店管理学院(http://www.hotelschool.cornell.edu/admissions/mmh/).
[5]昆士兰大学国际旅游管理(http:www.uq.edu.au/study/program.html?acad_prog=5484).
[6]香港理工大学酒店及旅游业管理学院(http://hotelschool.shtm.polyu.edu.hk/).
[7]彭凯平.管理教育的价值:职业经理人理性思维的培养[J].新资本,2003,6.
[8]施宏.美国 MBA 教育特点及对我国的启示[J].中国科教创新导刊,2011,35.
[9]朱志静.英国 MBA 教育 AMBA 国际认证模式研究及对我国的启示[J].经营管理者,2011,20.
[10]肖瑶.中美研究生入学制度比较[J].中小企业管理与科技:上旬刊,2010,12.
[11]易罗婕,谢凤华.中外 MBA 教育培养模式比较研究[J].湖南财政经济学院学报,2011,8.
[12]闫庆友,李真.MBA 教育的国际比较[J].中国电力教育,2009,1.
[13]李曦,霍艳华.需求促进旅游职业经理人队伍建设[N].中国旅游报,2008 – 11.

三、教育教学方法篇

信息化环境下对高等院校旅游管理专业课程拓宽的思考[①]

欧海鹰

【摘　要】 信息技术的飞速发展与互联网的广泛应用,不但极大地促进了旅游业的发展,而且正在不断地为不同类型的旅游企业创造出新的利润增长点。基于此,作为培养旅游行业专业人才的高等院校,应当适时拓宽现有的课程设置,丰富学生的知识体系,为人才培养与输出开拓更大的空间。

【关键词】 信息化;旅游管理;课程拓宽

一、信息技术的发展与应用对旅游业的巨大推动

著名的未来学大师约翰·奈斯比特在其作品《大趋势》中就曾预言:"电信通信、信息技术和旅游业将成为21世纪服务行业中经济发展的原动力。"从国外发达地区的情况来看,这个预言已经成为现实。

信息是旅游业的基础,信息技术的发展已经深刻地改变着世界旅游经济的发展格局和各国旅游产业的前进历程。因此,充分发挥信息技术在旅游业中的支撑作用,才会更快地促进旅游业的发展。

旅游业信息化,是指充分利用计算机技术、通信技术、数据库技术和网络技术,整合各类旅游信息资源,使之成为旅游业发展的生产力,成为推动旅游产业发展和管理上水平的重要手段。

1. 旅游业对信息的内在依赖性需要旅游信息化

首先,旅游市场流通的不是传统意义上的商品,而是有关旅游产品的信息传递,信息资源具有无形性、不可转移性、生产与消费同时性和不可储存性的特点。对于旅游者而言,旅游活动需要旅游者决定出游时间、目的地以及旅游路线等,这些都依赖于各种旅游信息资源;对于旅游管理者而言,利用信息技术对旅游市场进行分析和预测,进而有针对性地制定相关旅游管理政策,通过信息技术实现对旅游业的有效管理。所以,信息是旅游业内部诸环节联结的纽带。

其次,由于旅游业极易受各种自然因素、政治因素和经济因素的影响而发生波动,所以,通过有效地获取信息进而为旅游管理决策提供帮助,对旅游业而言就显得非常重要。

---

① 本研究得到"北京市教委2012年新专业建设项目"、"旅游管理国家级特色专业项目"资助。

信息技术支撑的旅游电子商务的发展方兴未艾,旅游电子商务有效地降低了旅游信息获取和传递的成本,提高了旅游活动的竞争力。

2. 旅游信息化改变了旅游业的发展路径

伴随全球经济一体化的趋势,旅游业也呈现出越来越强的国际化功能,世界各国旅游业越来越相互依赖,紧密联系。信息技术作为生产力中最活跃的因素,正在通过技术渗透改变着现代旅游业的发展趋势和发展路径。随着信息技术的广泛应用,特别是Internet和电子商务技术的普及,旅游者可以通过网络了解旅游活动的各个环节。因此,团队旅游活动、个性化旅游、自助游等多极化旅游形式得到极大的发挥。

旅游业作为一个面向国际的经济产业,其面临的是国际旅游市场的竞争,旅游信息化可以实现将优越的旅游资源、丰富的旅游生产力转化为旅游产品优势,进而转化为旅游市场优势,最后实现在国际市场的竞争优势。

二、高等院校旅游管理专业的课程设置现状

我国高校旅游管理专业教育起步于1979年,以上海高等旅游专科学校的诞生为标志;大学本科旅游专业教育则起步于1980年,以杭州大学招收全国首届旅游专业本科学生为标志。随着旅游业的发展,旅游教育的发展走过了一条由无到有、从小到大的道路。自20世纪90年代以来,为了适应蓬勃发展的旅游业的需要,全国有一百多所大专院校相继成立了旅游院系或开设了旅游专业,这些新专业的建立成为我国高等教育领域里一支异军突起的生力军。

目前,国内大多数高校旅游管理专业本科课程体系,都是参照1998年教育部普通高校本科专业目录中对旅游管理专业培养目标的规定而设计的。该规定中的培养目标为,"培养具有管理、经济、民俗文化、法律和旅游专业知识,能在各级旅游行政管理部门、旅游企业从事管理工作的高级专门人才和具备进一步从事旅游教学、科研潜力的研究型人才";规定主干学科为工商管理,主干课程包括管理学、微观经济学、宏观经济学、管理信息系统、统计学、会计学、财务管理、市场营销、旅游学概论、旅游经济学、旅游资源开发、饭店管理等。

以下是对几所在国内高校旅游管理专业教育中名列前茅的学校所开设的专业课程设置的对比。

中山大学旅游管理本科的核心课程主要包括:管理学原理、微观经济学、旅游概论(双语)、市场营销、人力资源管理、旅游地理学、酒店经营管理、旅游业运营管理、会展概论(双语)、俱乐部管理(双语)、旅游经济学、旅游消费者行为学、会计学原理、企业战略管理、商务统计。专业特色课程有旅游地理学(精品)、旅游概论(双语)、跨文化交流(双语)、第二外语(法、韩)等。

北京第二外国语学院旅游管理本科的核心课程主要包括:政治理论、西方经济学、管理学、旅游经济学、旅游学、旅游心理学、饭店管理学、旅游市场学、经济法、旅游企业财务管理、旅游企业战略管理、旅游规划与开发、旅行社经营与管理、旅游交通管理、旅游法等。

浙江大学旅游管理本科的核心课程主要包括:管理学、旅游学、饭店管理、旅行社管理、旅游规划与开发、旅游景区管理、休闲学、会展与节事管理、市场营销、财务管理、人力资源管理、管理信息系统等。

云南大学旅游管理本科的核心课程主要包括:管理学、微观经济学、宏观经济学、市场营

销、财务管理、旅游学概论、旅游心理学、旅游资源与开发、旅游经济学、饭店管理、景区管理、旅行社经营管理等。

南开大学旅游管理本科的核心课程主要包括：旅游学概论、旅游经济学、旅游心理学、旅游地理学、旅游法原理、旅游人类学、旅游市场营销、旅游规划与开发、旅游饭店管理、旅行社经营管理、休闲学概论、度假村经营管理、旅游资源评价、景区环境管理等。

通过以上几所典型高校旅游管理专业的课程设置，可看出旅游管理专业在课程设置上已注意到了高等教育旅游管理的特色，加入了较多的技能训练课和相应的实践课程，这些课程与职业素质和能力的培养相呼应，从而确保了专业培养目标的实现。但在实际实施中，仍然存在着以下一些不足：

第一，培养目标过于宽泛，课程设置针对性不足。目前，各高校旅游管理专业虽然都有自己的培养目标，但是人才培养定位不够准确，专业方向比较宽泛，缺乏特色，忽视了行业和市场对旅游专业人才的需求，导致教学内容与专业定位、培养目标有一定的差距，从而培养出来的旅游人才在知识结构、能力结构方面难以适应旅游行业相关的实际要求。

第二，旅游类基础课程仍然薄弱。旅游管理专业基础课中的管理类和经济类的课程都已经相当成熟，但旅游类的基础理论课程还不够成熟，教材也缺乏真正深入旅游本身的内容。

第三，专业知识讲授多，学生动手实践少。目前，高校旅游专业普遍面临的困境是理论与实践的脱节。众所周知，旅游管理专业属于实践性比较强的专业，需要大量设置专业技能课，以便使学生在实习或毕业时能够满足市场的需求。然而，部分高校实践环节课程太少，缺乏资金、设备和硬件投入，无法满足旅游行业快速的发展。

第四，课程设置缺乏创新，不能满足旅游业发展的需要。随着旅游业和信息技术、电子商务的不断融合，旅游管理专业的学生不可避免地需要具备信息技术、电子商务等相关领域的基础知识，但是大部分高校在这些课程的设置还是空白，无法满足快速发展的旅游业对多样化旅游人才的需求。

三、对信息化环境下旅游管理专业课程拓宽的思考

在全球网络化程度迅速扩张的环境下，信息化已深入影响到旅游产业的各个环节。然而，与快速发展的旅游业相比，旅游管理的人才培养却大大落后于发展规划的要求，人才总量存在较大缺口、人才整体素质偏低、旅游教育支撑不足等问题更严重地束缚了我国旅游业的国际竞争力的提升。

旅游业的快速发展以及国家对旅游业的战略定位，从客观上迫切需要高等院校旅游管理专业在课程设置上进行调整、拓宽，从而更好、更快地适应旅游业发展的需求。基于此，笔者就信息化环境下旅游管理专业的课程拓宽进行了深入思考，并提出如下政策建议：

1. 开设电子商务类课程，丰富学生的知识体系

目前，高校旅游管理专业的人才培养，缺乏对信息化课程培养方案的足够重视，学生对信息化及信息化对旅游管理的支持作用还缺乏基本的认识，很难适应目前的市场发展需要。电子商务作为互联网经济迅猛发展的最有影响力的商业运营模式之一，已经成为信息化的最重要形式之一，旅游电子商务、旅游企业在线业务、旅游电子商务交易等已经成为旅游业发展的重点战略。因此，开设电子商务等相关课程将会提高学生对旅游信息化以及旅游业的最新发展动态的认识，进而更好地服务于未来的旅游市场。

2. 教学手段多样化，重视教学实验与上机实践环节

从已有的部分高校的旅游管理人才培养方案来看，关于信息化的课程设置已经开始逐渐得到重视，但是，实践课的课程比例还不够，难以满足旅游业发展对人才技能的需求。因此，建议旅游管理专业进行课程设置时，有针对性地引进信息系统开发技术、电子商务模拟软件等实验环节。

3. 丰富师资队伍，打造优势互补团队

传统的教学方式侧重于书本知识的讲解，较少结合旅游管理的实际。建议邀请业界旅游信息化专家进行旅游信息化系统开发的案例教学、经验分享以及毕业论文指导等多环节，从而提高学生对旅游信息化实践的深入认识。

（作者单位：北京第二外国语学院　旅游管理学院　北京　100024）

参考文献

[1] 黄石. 发展高校优势加快旅游信息化建设[J]. 绿色大世界，2007(7):50-51.
[2] 朱桂凤. 旅游管理专业本科课程设置问题思考[J]. 黑龙江教育：高教研究与评估版，2010(9):62-63.
[3] 赵煌庚. 从人才培养错位谈高校旅游管理专业课程设置改革[J]. 中小企业管理与科技，2010(27):272-273.
[4] 朱飞. 高校旅游管理专业本科教育的现状及其对策[J]. 成都大学学报：教育科学版，2008,22(7):39-42.
[5] 李艳娜. 高校旅游管理专业本科课程设置中存在的问题及建议[J]. 当代旅游：学术版，2010(1):85-87.
[6] 徐俊丽. 高校旅游管理专业课程体系改革初探[J]. 现代企业教育，2009(16):40-41.
[7] 岳冬菊，李海民，杨瑞. 基于复合型应用人才培养的高校旅游管理专业课程体系改革[J]. 西安文理学院学报：自然科学版，2009,12(2):119-122.

《节庆策划》课程问题导向式案例教学法探讨

郑春晖　邹统钎

【摘　要】　目前,很多国家、地区城市甚至更小的地域范围内掀起了一股办节的热潮,但一些地方性节庆活动缺乏文化底蕴,同一主题的节庆在区域内遍地开花,"短命"等问题一直困扰着举办方。为了提高节庆策划教学的有效性,本文通过借鉴问题导向学习法和案例教学法,构建以问题为导向、以国内外成功或失败节庆为案例的节庆策划课程教学模式,旨在使学生亲身体验节庆策划的全过程,调动其积极思考、搜索资料并进行创新性策划的热情,提高其问题解决能力、策划能力、语言表达能力及团队合作能力。

【关键词】　PBL；案例教学法；节庆策划

自古以来,人类总是想方设法创造多彩的节事活动来丰富自己的生活。在"眼球经济"时代,节事活动更以其独特的魅力成为目的地营销的新宠,并借此来提升目的地的综合竞争力。南宁国际民歌节、大连国际服装节、青岛国际啤酒节、哈尔滨国际冰雪节、潍坊国际风筝节等节事活动,如同一张张"城市名片",诠释着城市的文化和内涵。节庆策划成为旅游管理人才培养中的重要内容。本文通过借鉴PBL教学法和案例教学法,构建旅游节庆策划课程教学模式,旨在激发学生的自主学习兴趣,增强学习效果。

一、什么是PBL和案例教学法

问题导向学习法(以下简称PBL),是指以问题为基础的学习。PBL的学习过程要求学习者从实际问题出发,发掘与主题相关的所有问题,以问题为焦点、以团队合作的方式收集和整理有关信息资料,从而让学习者了解问题解决的思路与过程,灵活掌握相关概念和知识,从中获得解决现实问题的经验,最终形成自主学习的意识和能力。由此可见,PBL包含以下要点:问题为中心、小组形式、自我导向。Savin-Baden(2000)将PBL教学法精髓概括为:它是一种以灵活性和多样性为特征的学习方法;在多样化的背景下,它可以在不同的学科及学科间以多样化的方式应用。

案例教学法则是一种特别形态的教学策略。瓦塞曼与舒尔曼均指出案例教学法是一种利用案例作为教学工具的教育方法(瓦塞曼,1994；舒尔曼,1992),也是理论与实务间的桥梁。案例教学法指借由案例作为教学材料,结合教学主题,通过讨论、问答等师生互动的教学过程,让学习者了解与教学主题相关的概念或理论,并培养学习者高层次能力的教学方

---

① 本研究得到"旅游管理国家级特色专业"项目资助。

法。一个个旅游节庆实例都是节庆策划学习的鲜活案例,为本课程的学习提供了坚实的现实支撑。

二、问题导向案例教学法之于节庆策划教学的作用

节庆策划作为一门应用性很强的课程,其教学应具有以下重要特征:强烈的应用导向性;强调实际工作中的创新能力;重视培养学生的书面和口头表达能力、团队合作能力和有效运用知识解决问题的能力。在节庆策划教学中运用PBL和案例教学法有以下作用:

1. 满足产业实践对学生实操能力的要求

节庆对旅游目的地的带动作用已得到各地的一致认同,因此,全国各地都在努力策划、举办各类节庆活动。当然,这其中不乏举办成功的并极大提高当地知名度的节庆,但负面评价也不绝入耳:面子工程,吸引力不足,劳民伤财,规模虚大导致资金短缺……

可见,产业实践对节庆策划人的实操能力提出了更高的要求,而目前节庆策划教学中却呈现出以下问题:偏重知识传授,缺少对实践能力的培养;学生虽懂各种策划的技巧,但实际策划技能有限;国际化、前沿化节庆发展趋势在教学中反映不足;对国内各地节庆现状了解不全面等。因此,从产业实践来看,节庆策划教学中应当强调对国内外典型节庆的分析,提高学生的实际策划能力。

2. 增强学生持续、自主学习能力

教育研究表明,成功的问题解决者拥有系统而灵活的知识和运用知识解决问题的技能(Chi,Glaser & Rees,1982)。与基于记忆的传统教学法相比,采用问题导向式案例教学法的优点在于:养成自主学习意识,提升理解力,促进终身学习能力的发展;培养学生举一反三的能力;加强各策划部分之间的联系,有利于学生在策划中,能做到各部分策划一以贯之,巧妙衔接;所有的学生都参与学习过程,有利于激发学习热情。有助于学生从实例中观测节庆策划实施情况,克服传统教学模式的抽象性。

三、节庆策划课程教学模式的理论框架

20世纪90年代之后,各类、各种规模的节事活动的大规模兴起,对节庆策划教学提出了越来越高的要求。基于节庆策划课程的特点,本文提出以国内外成功或失败节庆为案例,以问题为导向的教学模式,引导学生利用节庆策划的基本原理、概念和技巧,围绕某一学习主题,探究现存节庆所存在的问题,评价节庆策划的优势和不足,提出解决办法并进行再策划。

节庆策划是一项系统工程,要求学生具备挖掘传统文化、带动民众参与、开展全方位的媒体营销、集中展现舞台化真实等能力。而问题导向式案例教学法有利于将学生置身于真实的产业实践,亲身体验国内外经典节庆的策划,感受节庆策划者在特定背景下策划的创意构思,从中积累策划的技巧,吸取策划的灵感。

问题导向案例教学法以课程目标为基础,兼顾知识体系的完整性,密切关注产业热点问题,从节庆业最典型的案例入手,通过研究(researching)、推理(reasoning)和反思(reflecting)来提取PBL问题,并以该问题来指导案例的选择,选取背景、内容最符合,关联度最高的案例。其中,问题选择上依据教材的体例和时间顺序两条线索,涵盖节庆策划课程的主要内容:节庆的可行性方案,形象策划与品牌管理,节事活动的市场营销策划与实施及功能管理(财务管理、现场管理、风险控制与管理、配套管理和评估与影响研究)(见图1)。

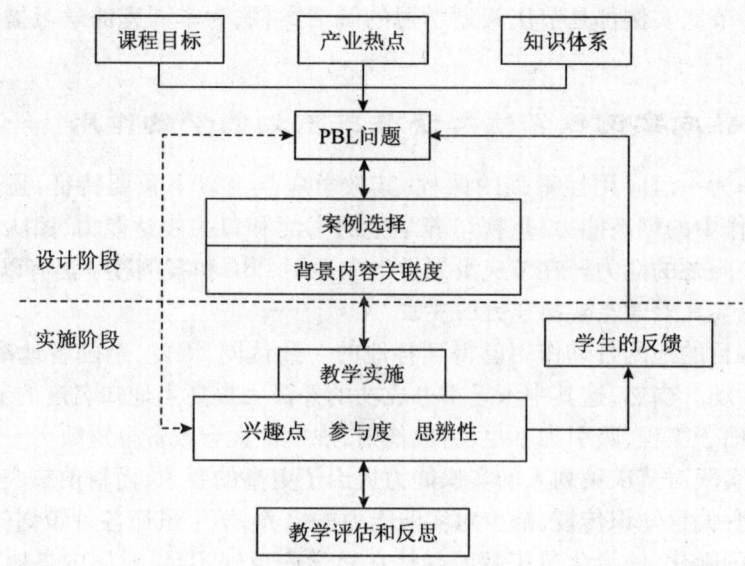

图1 问题导向式案例教学法

参照麦克马斯特(McMaster)大学的"七级跳策略",问题导向案例教学法的主要实施步骤如表1所示。

表1 问题导向式案例教学法的教学实施步骤

步骤一	介绍案例背景,讲解问题分析中所涉及的理论和概念
步骤二	给出需讨论的议题
步骤三	组织学生观看案例相关材料,如视频
步骤四	围绕议题,分组(6~7人一组)研讨策划思路和创意,并进行组内任务分工
步骤五	根据各自负责的板块,每位学生搜集资料并进行策划
步骤六	各小组代表用PPT展示本组策划方案
步骤七	其他小组可就该小组的策划提出质疑,反策划
步骤八	点评各组策划方案的优劣
步骤九	学生课后撰写策划案,教师进行评估

四、节庆策划PBL教学法的实施

1. 实施原则

Michael J Duncan 和 Yahya Al-Nakeeb(2006)指出,PBL教学法作为一种学习情境,包含以下几条原则:积极参与、合作、及时反馈、适应学生学习偏好、学生权责自负。问题导向案例教学法为学生提供一种实践的机会,培养学生的问题解决能力、语言表达能力、团队合作能力及策划能力。它以解决节庆现实问题为导向,而现实问题往往并不只有一种解决方法,需要对现有的文化、资源、资金、成本进行对比分析,所以还可以培养学生的辨别力和提取能力。

2. 注意事项

Rong Huang(2005)运用问卷调查的方法,专门针对在英国的与旅游专业相关的中国留学生进行了调查,分析被调查者对PBL教学法的感知,结果表明,PBL的消极评价主要体现在对知识准确性的不确定(80.0%),对讨论内容理解正确与否的不确定(70.6%),不知道所设计问题的用途(60.0%),上课时间浪费(32.9%),讲课主题不集中(32.9%),作业负担沉重(28.2%)。因此,节庆策划在实施问题导向式案例教学法时应注意以下问题:

(1)问题设计

问题设计是决定问题导向案例教学法成功与否的关键因素。奇克森特米哈伊(Csikszentmihalyi)指出,要达到畅爽体验的状态,参与者本身拥有的活动技巧与活动的挑战性之间必须达到平衡,只有达到平衡时才能产生最大的掌控感,使参与者沉浸其中,进而带来莫大的喜悦。畅爽体验在活动技巧和挑战都具有高度的时候,个人不仅能享受体验的愉悦,同时也能学习到新的技巧,并且增加自尊,使能力得以延伸。因此,在教学中,应该结合案例本身和教学目的,设置具有一定挑战性的问题,使学生在搜索资料、独立思考、分组讨论及撰写策划的过程中获得最大的满足。

另外,问题设计还要遵循如下原则:第一,问题设计要以课程目标为基础。问题的设计必须是建立在对教学目标深刻认识的基础上,只有这样,才能保证学生在参与案例学习过程中系统地掌握节庆策划知识和技能。第二,问题要紧密结合节庆产业热点问题。第三,问题设计具有探究性,能够激发学生主动学习的动机。教师可以多听取学生的反馈,了解学生的兴趣点和知识水平,更好地在问题设计中因材施教。

(2)案例选择与撰写

案例的来源大致包括三种类型:由他人撰写的现成案例、由教师撰写的案例及由学生自行撰写的案例。其中,现成的案例可以来自于教科书、书籍、案例集、报纸、期刊和网络等。教师自行撰写案例,更容易贴近课程主题,明确案例分析的问题导向性;在教学进程中,一直围绕问题,引导学生思考、讨论、发言等;还可加深对教学的目的和内容的反省和思考。学生自行撰写案例,则可以考验学生明确分工、通力合作的能力。

案例撰写应该注意以下几点原则:

①案例是有趣的,并且是关于真实的人、情景和组织;

②案例能为学生提供学习实际策划的经历,使其在决策制定过程中获得实践经验,并以能获取其他人支持的方式来实施决策;

③案例不需要面面俱到,应该根据特定的教学目标,从某一主题切入。

(3)教学实施

由于此教学法注重调动学生的自主学习热情,所以在教学实施过程中还应注意以下问题:

①问题导向案例教学强调培养学生调查、提问和分析的能力。在这个过程中,提升学生在现实生活中运用书本知识解决问题的能力。

②问题导向案例教学中,每个学生的分析和决策都会得到其他同学的批判性评价,因此,学生应该替自己的解决办法进行辩护,如果不能这么做,则要忍耐其他同学的否定。而

且,学生应把自己置于决策制定者的位置,并且能针对具体的情形提出解决办法。

③对学生讨论的内容,多鼓励,不宜直接批评,以免挫伤学生的自信心和参与积极性。

④引导各组学生之间相互质疑、相互学习。

(4) 教学评估与反思

教学评估的方式包括学生自评和教师评估两种,内容上包括知识方面和能力方面,主要评估以下内容:

知识方面包括:

①学生对特定教学主题的理解和掌握情况;

②对国内外前沿、典型案例的熟识程度;

③对节庆策划主要技巧的掌握及运用能力;

能力方面包括:

①有智慧地搜集、组织资料的能力;

②问题解决能力和创意;

③在学习的过程中具有创造力;

④沟通想法的能力;

⑤理解和质疑他人意见的能力;

⑥协助并促进小组讨论的能力;

⑦借由文字的方式表达想法的能力。

任何一种教学方法只有得到科学的应用,才能最大限度地发挥优势。因此,在节庆策划教学中要适当与其他教学方法相结合,使基本概念、基本技能的培养与思维方式、能力的培养两手都要抓,两手都要硬。问题导向式案例教学法的操作上可以采用渐进式及混合式,充分考虑学生的知识储备、思维能力的实际,循序渐进地开展教学。

(作者单位:广西艺术学院　人文学院　广西南宁　530022;北京第二外国语学院　遗产旅游研究中心　北京　100024)

参考文献

[1] http://www.sx-ent.com/News_View.asp?lm=77&lm_t=&NewsID=495.

[2] Wassermann S. Introduction to Case Method Teaching: A guide to the Galaxy. New York: Teachers College, Columbia University, 1994.

[3] 朱冬梅. 将案例教学法应用于大学广告专业教学——广告创意与策划课程教学设计[D]. 上海:上海外国语大学, 2006, 9.

[4] 李固. 高校旅游管理专业教学法探析[J]. 徐州建筑职业技术学院学报, 2004, 4(4):62-64.

[5] Duncan Lyons, Yahya Al-Nakeeb. "You have to do it rather than being in a class and just listening" The Impact of Problem-based Learning on the Student Experience in Sports and Exercise Biomechanics [J]. Journal of Hospitality, Leisure, Sport and Tourism Education, 2007, 6(1), 71-80.

[6] Huang R. Chinese International Students' Perceptions of the Problem-based Learning Experience[J]. Journal of Hospitality, Leisure, Sport and Tourism Education, 2005, 4(2), 36-43.

[7] Csikszentmihalyi M. Flow: The Psychology of Optimal Experience[M]. New York: Harper and Row, 1990.

[8] 崔映芬. 全国课程学术研讨会论文集[C]. 2008.

[9] 赵立坤. 营销策划课程案例教学模式的探讨[J]. 四川工程职业技术学院学报, 2008, 5: 83-84.

[10] 邹统钎. "全球旅游产业领袖"培养模式研究：国际化背景下首都旅游高等教育发展模式研究[R]. 北京：北京师范大学出版社, 2011.

国际化旅游管理人才培养视域下的学生课外活动体系重构

黄 勇

【摘　要】 随着国际旅游产业的逐步发展,对国际化旅游管理人才的需求逐渐增加,这也对高校人才培养提出了更高层次的要求。本文试从国际化旅游管理人才所需素养为切入点,将国际化旅游管理人才素养重新划分为5种类型、2个层次,并结合日常学生活动组织实际,探索构建以培养国际化旅游管理人才为目标的新型学生课外活动体系,划分为旨在兼顾全体学生发展基础素养的普遍型学生课外活动和具有选拔特性、鼓励学生发展进阶文化素养的竞赛型学生课外活动。

【关键词】 国际化;旅游管理;人才培养;学生活动

近年来,国际旅游产业逐渐发展壮大。在加强国际友好往来的同时,国际旅游产业更为涉外经济发展作出了贡献。国际旅游随着世界经济全球化的深入发展逐步发展成一种全球性经济文化活动。这必然要求旅游管理人才的国际化,即旅游管理人才素质的国际化、旅游管理人才市场的国际化和旅游管理人才培养的国际化等。因此,培养具有国际眼光、能够应对全球挑战的国际化旅游管理人才,已成为高校旅游管理专业的人才培养目标。实现这一目标,需要树立国际化培养理念,建立国际化培养模式,从对大学生的教育、管理、服务等多方面、全方位构建起国际化旅游管理人才培养系统并加以大力实施。

高校学生课外活动作为人才培养的重要一环,与高校教学相互补益,从实践层面和校园文化氛围熏陶方面为学生全面发展提供了良好平台。本文试以国际化旅游管理人才所需素养为切入点,探索构建以培养国际化旅游管理人才为目标的新型学生课外活动体系。

一、国际化旅游管理人才素养分析

目前,对于国际化旅游管理人才应具备的素养研究随着时间的发展而不断充实。以往有研究将国际化旅游人才素养涵盖为三个方面,即扎实的旅游管理专业知识、良好的文化素养和过硬的外语语言能力。笔者认为,在国际化人才培养过程中,明确人才应具备的不同类型、不同层次的素养是重要前提。在单纯条目罗列的基础上,有层次地划分更容易详细地梳理清楚各能力素养之间的逻辑关系。我们在现有研究基础上将人才素养分为5种类型、2个层次。这样划分使国际化人才素养的分类更加立体,有助于进一步建立以此为目标的学生活动体系。

在分类上,我们把人才素养分为5种类型,分别是身心素养、沟通素养、专业素养、文化素养和通用能力素养。具体来讲，身心素养是指学生身体素质和心理素质的健康状况；沟通素养是指学生的人际交往能力、国际语言沟通能力以及从事国际活动的能力；专业素养是指学生通过学习和实践掌握的专业知识以及运用知识的素养；文化素养是指学生对本土文化以及国际文化的掌握情况；通用能力素养则是指合作、创新等在国际活动中所应具备的或必须具备的能力素质。

根据对国际化人才素养的不同要求，我们把人才素养层次分为基础素养和进阶素养。

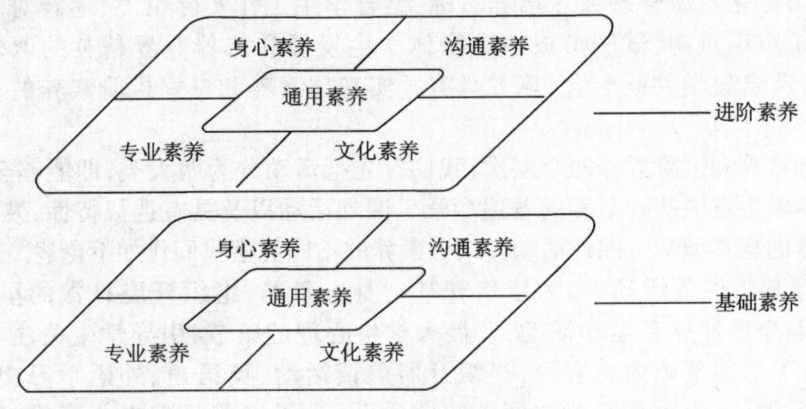

图1 人才素养层次图

具体对应要求如下：

1-1. 基础身心素养：身体健康，能以良好的精神状态应对相关学习、工作，在思想和行为上表现出比较稳定的心理倾向、特征和能动性；

1-2. 进阶身心素养：具备过硬的身心素质，能够应对大型活动的工作压力，能够经受多元文化冲击，灵活冷静应变国际事务冲突等重大事件；

2-1. 基础沟通素养：如至少拥有一门国际通用语言（如英语）坚实的听、说、读、写、译能力，能够与国际人士沟通；

2-2. 进阶沟通素养：掌握相关国际常识、惯例及法规，熟悉国际商务文化和礼仪，能熟练运用国际规则与惯例系统性地认识和处理问题；

3-1. 基础专业素养：了解本专业发展历史、现状和趋势，具备较为完整的旅游管理专业相关知识体系，取得相应专业资格认证；

3-2. 进阶专业素养：了解本专业国际研究前沿动态，能够熟练运用专业知识，并有效利用国际资源为本专业知识技能的学习和积累作贡献，取得国际专业资格认证；

4-1. 基础文化素养：了解本国和对象国家的历史文化传统，注重传承本土优秀文化，以开放的态度理解、适应和参与世界多元化发展，坚定爱国立场；

4-2. 进阶文化素养：了解世界发展的历史与趋势及东西方文化的精华，具有世界公民意识，拥有热爱自己国家甚至整个世界的情怀；

5-1. 基础通用素养：具备信息技术能力、团队合作能力、学习能力、问题解决能力等；

5-2. 进阶通用素养：具备创新思维能力、分析判断能力、决策能力、开拓能力、领导力等。

二、基于国际化旅游管理人才培养目标的学生课外活动体系的建立

学生课外活动是指在课堂教学之外,有目的、有计划、有步骤地组织众多人参与的具有广泛凝聚力的活动。学生通过举办和参加各种形式的学生课外活动,巩固课堂学习内容,增加实践经验,提高思想素养,推动自身的全面发展;同时,学校通过开展学生课外活动,丰富校园文化,为学生创造良好的学习和发展环境,促进学生和学校的共融共进。基于国际化旅游管理人才培养目标,结合学生工作实际情况,笔者对现有学生课外活动进行了组织重构,试图形成兼顾全体学生发展和培养业界精英的课外活动组织管理体系,与课堂教学共同配合,培养具有扎实基础素养和良好进阶素养的高素质国际化旅游管理人才。

针对基础素养和进阶素养两个层次,我们首先把活动分为两大类,即能够全员参与的、旨在兼顾全体学生发展基础素养的普遍型学生课外活动以及具有选拔特性、鼓励学生发展进阶文化素养的竞赛型学生课外活动。结合素养的不同类型我们作如下论述。

在普遍型学生课外活动中,为了培养基础身心素养,组织开展日常的早操锻炼、春季长跑运动等全员性体育运动活动,开展大学生心理健康节,引导学生关注心理健康和心灵成长;为了培养基础沟通素养,组织开展晨读活动、英语角、外语学习交流会、外文电影赏析等活动,作为语言学习的课外实践活动;为了培养基础专业素养,组织开展专业实习实践,鼓励学生利用课余时间和寒暑假期学以致用,鼓励学生参与北京对话、海峡两岸旅游论坛等学术会议,不断完善知识体系;为了培养基础文化素养,组织开展各类学生文化交流活动,如旅游文化节,各国家、地区文化节以及传统文化节等项目,让学生在各类活动中感受不同的地域文化,形成既具有本土文化底蕴又具有开放包容地接纳国际文化的胸怀。

在竞赛型学生课外活动中,为了培养进阶身心素养,组织开展各类体育竞赛,如篮球、足球以及田径运动会等项目活动,同时通过各类竞赛锻炼学生的心理素质;为了培养进阶沟通素养,开展旅游英语风采大赛、大学生英语竞赛,鼓励学生积极备考大学英语四、六级,专业英语四、八级以及其他英语资质认证;为了培养进阶专业素养,组织开展旅游线路设计大赛、大学生创业大赛等与专业知识密切相关的竞赛活动;为了培养进阶文化素养,组织开展国际文化学术沙龙、原创DV、摄影、歌曲等文化艺术竞赛。

除此之外,志愿服务作为学生课外活动的一个重要平台,是一个综合锻炼各项素养的有效载体。借助志愿服务平台,尤其是国际志愿服务平台,学生的身心素质、沟通素质、学业素质和文化素质能够得到全面的运用和提升,同时在与人打交道的过程中锻炼了团队配合能力,遭遇问题过程中锻炼了判断和处理问题能力,学习能力和信息技术能力也得到增强。

我们可以用表1对重构的学生课外活动体系作进一步归总。

表1 课外活动组织管理体系构建

普遍型学生课外活动	◆基础身心素养:早操锻炼,春季长跑运动,大学生心理健康节 ◆基础沟通素养:晨读活动,英语角,外语学习交流会,外文电影赏析 ◆基础专业素养:专业实习实践,北京对话,海峡两岸旅游论坛 ◆基础文化素养:旅游文化节,各国家、地区文化节,传统文化节

竞赛型 学生课外活动	◆进阶身心素养:篮球赛,足球赛,田径运动会,心理辩论赛 ◆进阶沟通素养:旅游英语风采大赛,备考各种英语资质认证 ◆进阶专业素养:旅游线路设计大赛,大学生创业大赛 ◆进阶文化素养:国际文化学术沙龙,原创DV、摄影歌曲等竞赛
志愿服务	◆通用素养及其他各类素质

三、新型学生课外活动体系特点及实际效果分析

通过近年来对国际化旅游管理人才培养目标的分析研究以及在此基础上构建的新型学生课外活动体系的实践,我们将该体系的特点归结为如下几个方面:

第一,该体系进一步明确了组织学生活动的目的和通过活动对学生素养提升的预期。每一个学生活动的组织设计都与学生的国际化人才素养相对应,学生活动不是单纯为了活动而活动,而是有明确目的的有组织行为。

第二,该体系与专业课程体系有机结合,形成了课堂内外协调的完整的国际化旅游管理人才培养系统。课堂讲授的专业知识能够通过各类普遍型的学生课外活动来巩固加强,竞赛型的课外活动锻炼了学生对专业课程的实际运用能力。

第三,该体系兼顾全体学生素养提升与优秀学生素养进阶,通过该体系能够使全体学生具备从事国际化旅游管理相关工作的基本能力素质,同时也能够促进学生提升高阶素质,为进一步发展成为业界精英打下坚实的基础。

近年来,通过该体系的组织实施,旅游管理学院培养出的专业人才有95%以上通过大学英语四、六级考试,80%通过英语专业四级考试,70%通过英语专业八级考试,在首都大学生创业大赛、大学生英语竞赛等多项学科(技能)竞赛中取得优异成绩,多人在公开正式出版物上发表学术论文。学生在2008年奥运会、残奥会,2009年国庆游行方阵,2010年新加坡青奥会,2011年PATA二外学生分会成立等多项志愿服务和外事活动中,均得到了锻炼和成长,也得到了主办方的高度认可。因此,基于国际化旅游管理人才培养目标的学生课外活动体系作为人才培养体系的一环,与课堂教学相互配合,在人才培养中发挥着重要作用。

(作者单位:北京第二外国语学院　旅游管理学院　100024)

参考文献

[1]潘雅芳.全球化与我国旅游管理人才培养战略研究[J].技术经济与管理研究,2005(5).
[2]尹冬梅,丁力.中国当代高校学生组织研究[M].北京:时事出版社,2008.
[3]李力,杨莹,韩晶晶.高校旅游管理专业国际化人才培养模式创新[J].经济管理,2010(2).
[4]江新兴,王欣欣.国际化人才培养模式探索[J].北京教育:高教,2010(9).
[5]马聪.高等教育国际化人才培养目标研究[D].上海:上海外国语大学,2010.
[6]黄瑾.外语类院校旅游管理专业人才培养模式探析[J].浙江外国语学院学报,2011(4).

教学管理中班导师制的实践与思考

王 欣

【摘　要】 本文结合高效教学实践,探讨实行班导师制的意义、任务和适用形式等问题。文章指出,班导师制能够弥补学生辅导员的不足,加强教学互动融合,强化教学的目的性,并为专业教师提供价值实现的新平台。班导师的工作任务应主要包括系统地培养学生专业学习方法,形成良好的学习习惯和素养,协助学生启动学业和职业生涯规划,为学生提供成长的综合支撑。实行班导师制应避免形式主义、简单化和固定化等问题。最后本文根据实践中的体会提出了"三不宜"、"三小"和"三结合"等操作方法。

【关键词】 班导师;教学;管理

北京第二外国语学院旅游管理学院在学校的统一部署下,在旅游管理等专业教学管理中尝试实行了班导师制度,即由专业教师担任特定班级的班导师,在课程专业学习、深造、职业规划、学校生活等各方面给予学生指导和帮助。班导师制实行两年多来,取得了一些经验,也发现了一些问题,本文拟就该项工作的意义、任务、适用形式等问题做初步的总结和探讨。

一、实行班导师制的重要意义

第一,由专业教师担任班导师可以弥补学生辅导员的不足。高校一般都设有学生辅导员,发挥着学习生活管理和服务的功能。辅导员与专业教师在学生教育方面的角色和作用显著不同。在学校生活的事务方面,学生更依赖辅导员,辅导员的管理工作连贯而持续、政策掌握充分、综合协调能力强,同时较善于心理辅导工作。在知识技能、学业深造和职业发展方面,学生更加信任专业教师,在学生看来,专业教师在学习和工作方面本身很成功(比如获得了博士学位或高级职称),生活状态不错,同时得到了社会承认。学生期望从专业教师那里获取学习和工作的"秘诀",以及一些有利于自身发展的信息与资源。

因而,学生在心理上同时依赖辅导员和专业教师。这两种依赖,性质不同且不能互相替代。正如母亲和父亲的互补性一样,辅导员类似于母亲的作用,而专业教师类似于父亲的角色。可惜的是,在一般情况下,这位"父亲"显得有点儿不称职,好像总是很忙,平时又不坐班,深入交流的机会不多,不能真正起到心理依靠的作用。班导师制的设立正好解决了这一问题,使得学生们能够在辅导员和专业老师"双亲"的庇护下成长。

---

① 本研究得到"北京市教委2012年新专业建设"项目资助。

第二，班导师制的设立能够强化教与学的互动与融合。高校专业教学课程设置特征，决定了专业教师与学生的接触一般是不连贯的几个学期。即使授课的学期里，在课下时间里，学生也不容易找到老师，老师也不专门关注特定的学生群体，由此造成教与学之间的隔膜。这与学生在中小学期间的感受截然不同，那时班主任与学生之间的关系是固定和紧密的，学习、生活、心理、社交等方方面面都有依靠，有管理。到了大学，学生往往出现困惑或者出了某种问题时，不知道应该找谁，不清楚谁负责这个事，谁能够解决这个问题。很多学生不能马上适应这种变化，造成了成长中的不必要的损失。

与此同时，教师也不能准确地掌握学生的需求、困惑和问题。通过担任班导师时的深度交流工作，我们了解到经常出现这样一种情况，即教师实际都渴望深入了解学生、帮助学生，都愿意甚至期待着能够有机会为学生排忧解难，可是学生在求助时总是犹犹豫豫，鼓不起勇气，他们甚至担心给老师添麻烦，怕老师生气或留下不好的印象，担心遭到老师的拒绝。可见，双方之间的了解和信任是有问题的。就笔者的经验而言，教完一门课后还不认得班上的半数同学是常有的事。所以，以班导师制的形式，将一些学生与一个专业教师"绑定"起来，建立起一种固定的特殊关系，也就为教学之间搭建起了一座桥梁，为教学互动融合创造了机会。

第三，能够强化教学的目的性。尤其像旅游管理这样实践性非常强的专业的学习，学生和教师都要注意教学的目的性，即教学要与人才培养的目标和社会需求紧密结合起来。学生要尽早地从专业教师那里获得未来学业深造或职业发展的信息，尽早地进行学业和职业生涯规划，而不是像中学那样只知道"看书做题"。中学生的发展路径是预先设定好的，那就是参加高考。而大学生的发展方向则千差万别，学生可以自主选择深造和就业方向，自主选择学习的内容和方法。这就要求专业教师将自己的"成功经验"和社会资源尽早地奉献给学生，协助学生规划方向、确定目标，有目的地学习和生活，主动搜集和利用各种资源，高效地利用四年学习时间。这也符合高校培养人的目标，符合社会对人才的需求。我们要吸取教训——有一些学生到了大四才"如梦初醒"，手忙脚乱，悔之晚矣。专业教师在这种互动中，也能够更加准确地掌握学生的基础与目标，有的放矢地传道、授业、解惑，而不是闷头讲授课本知识，或者"得意洋洋"地介绍自己的研究成果。

第四，为专业教师提供价值实现的新平台。高校专业教师通过科研和教学都可以实现自身价值，获得成就感和幸福感。由于与学生之间关系相对疏远，专业教师在育人方面的成就感往往不容易获得。观察研究生的教学，我们可以看到完全不同的另一种状态，也可以获得一些启示。研究生与导师之间的对应关系是确定的，研究生的成长也成为教师价值实现的重要方面，很多老师都以学生的发展成就为荣，师生之间的关系和情谊也能够保持很多年。因此，班导师制将一部分学生与教师之间建立起特殊的关系，这既是一份责任，也是一份情谊，还是一个舞台。学生不再只是大家"共养"的孩子，他首先成为一个老师需要特别关照的孩子。有了"名分"，教师会很自然地多关注他们，看着他们成长，在这个过程里激发教书育人的责任心，获得成就感与幸福感。

二、班导师工作的主要任务

班导师的工作，是基于学校教育的大平台，在专业教师集体的培养之中，又与辅导员和其他教学管理角色合作实现的。其任务应当有所侧重，并与其他方面密切配合。就重点而

言,班导师工作的主要任务包括以下几个方面:

第一,系统地培养学生专业学习方法,形成良好的学习习惯和素养。这种教学是不拘于具体的某门课程,而是针对整个大学期间的;重点不在于具体知识,而在于方法和思想,要协助学生解决学习中的重大困难,提供一个"常设的答疑平台"。

第二,协助学生启动学业和职业生涯规划。引导学生树立合理的奋斗目标,向学生传授学习经验和职业经验,给予信息和社会资源支持。

第三,为学生提供成长的综合支撑。主要是心理方面的支撑。应发挥示范效应,鼓舞学生向上的奋斗精神,帮助学生完成角色和状态转变,使学生得到更多来自学校的关爱和支撑。

三、实行班导师制应避免的问题和适用方式

实行班导师制以来,笔者和其他同事体会到,这一制度和模式要发挥可持续的实效,要特别注意避免以下几个问题:

第一,要避免形式主义。尤其要避免变成教师和学生的任务负担,应充分挖掘和发挥这一制度内在的驱动力。如前所述,班导师制为教学双方搭建了一个有效的平台,对接了双方的需求,本身具有存在的必要性和可行性。应当注意避免简单化地设置工作指标和形式。例如,师生交流的时间选择、地点选择、人数、记录方式、考核方式等应当以灵活有效为准则,应当以学生的感受和发展状况作为工作的出发点和评价标准。

第二,要避免简单化和固定化。不同的专业、年级、班级,甚至不同的教师应有不同的方式,还应当不断地动态调整和完善工作模式,多尝试、多实践、多总结以及不断鼓励和创新。

当班导师,第一件事也是一件极为重要的事,就是将自己的手机号、电子邮箱和 QQ 号交给学生。学生在记下这三种联系方式的时候,便得到了一种心理依靠。要让每个学生都确定自己能够找到班导师,即使某个学生四年里都没有主动找过班导师,但他已经在学校这个大家庭里得到了一种归属感和安全感。

另外,根据这两年对班导师工作的体会和效果反馈,可以初步归纳一些适用和易于操作的工作方式,简单概括如下:

三不宜。不宜简单召集学生开班会,但积极参加学生自己组织并发出邀请的集体活动,避免为了完成任务而给学生增加负担。不宜进行答辩式的问询和记录,如果将学生一个一个叫到办公室去询问学生有什么困难和问题,并且随时拿笔记录,可能使学生不敢说话。不宜设置简单的交流任务指标,应以学生的感受反馈和发展状况为评价标准。

三小。小班,每个专业教师只担任一个小班的班导师,30 人左右,人多了记不住也顾不过来,还是没有效果。小会,不做专题演讲式的统一授课。随时随地根据产生的问题进行灵活的小范围交流,课间、课后、校园里、食堂里、邮件、电话,都可以简短地交流;不能或不便马上回答的问题可以思考几天再答复,只要真诚相待,学生不会有意见。小建议,不轻易给学生写评语、下定论、做规划,随时根据学生的成长变化和即时问题给出小建议,以细水长流的方式引导学生成长、探索和独立思考。

三结合。交流与辅导工作要与学校的具体情况相适应,在不打乱学生学习生活节奏的情况下取得更多的实效。具体对于北京第二外国语学院旅游管理专业而言,一是要与课堂教学相结合,课堂的讲授、答疑和课间交流是最重要的交流平台。二是要与学生实践活动相

结合,包括社团活动、学术实践活动和各类团队性竞赛活动;在指导和参与学生的这些活动过程中,引导学生思考和实践。三是要与毕业论文相结合,一边指导论文,一边进行职业发展或学习深造的指导。

班导师制实行两年多来,取得了一些效果,解决了不少问题,受到了学生的欢迎。但是,作为一项新的工作模式和制度,还应当在实践中不断地探索、总结和改进,使我们的教学更加具有实效,更加贴近时代的要求。

(作者单位:北京第二外国语学院　旅游管理学院　北京　100024)

参考文献

[1] 王欣,邹统钎,崔莉.基于职业能力塑造的支架式与抛锚式教学方法探讨——以旅游规划课程为例[C]//邹统钎.旅游管理人才培养模式与教学方法创新——旅游管理教学团队论文集.北京:旅游教育出版社,2011:117-120.

[2] 王欣,邹统钎.产学研结合促进旅游业实践型人才培养[J].中国高校科技与产业化,2010(7):46-47.

外请讲座存在的问题及其改进策略

银淑华

【摘　要】　本文的调查问卷以北京第二外国语学院旅游管理学院本科生和研究生为发放对象,共发放240份,其中就我院外请讲座中的一些问题进行了抽样调查。这些问题涉及讲座人、讲座内容、讲座的时间、讲座的满意度、参与讲座的动机、讲座的数量等。文章分析了调查结果,同时,结合调查结果指出了未来外请讲座要从讲座的内容、讲座人的选择、加强管理、增加学生满意度、合理安排讲座时间等方面进行调整和改进,使外请讲座发挥应有的功效,真正成为学生大学生活的有益组成部分。

【关键词】　外请讲座;旅游管理学院;问题;改进策略

一、引言

2011年5月一次偶然的机会,我参加了我院外请的某大学教授的讲座。根据讲座通知要求,讲座对象是我院研究生以及教师。令我吃惊的是,当讲座时间已到,前来参加本次讲座的人数共7人(老师就是本人1人,研究生3人,本科生3人),很大的教室只有几个人听讲座,无论是讲座人还是听讲座的人都感到些许的尴尬。虽然这次我看到的现象并不一定具有代表性,更不能说明每场讲座都是人员寥寥。但是,我依然决心就外请讲座的相关问题做一些调研,解开我心中的一些疑问。比如,老师需要什么样的讲座?学生喜欢什么样的外请讲座?选择听讲座的标准是什么?为什么学生不来听讲座?问题到底在哪里?外请讲座太多了吗?讲座质量太差了吗?学生需要外请讲座吗?同时也希望通过探究,寻找影响外请讲座效果的因素,从而使今后举办的外请讲座更受师生的欢迎。

二、外请讲座是大学教育的第二课堂

人们通常所说的教学、科研以及社会服务三大功能是大学教育的基本内容。而各类外请讲座无论从教学科研的角度还是社会服务的角度,历来都是大学教育的有机组成部分。外请讲座是进行学术交流、提高教学和科研水平的有效手段,可以起到正统学制课程所不能起到的作用,特别是在社会服务和科研方面的作用更加突出。因为从目前我们已经举办的讲座看,大部分讲座内容对科研的帮助较大,比如,学术前沿、研究方法等讲座。同时,很多来自行业一线的实践者的讲座也很受欢迎,这显然与社会服务的功能有紧密的关系。通过外请讲座,学生能了解社会实践的准确信息、行业的动态,使学生能够较早地发现自己与社会(国际和国内两方面)的差距,从而在规划自己的未来时更加准确和有先见性。

我院正是基于这样的愿望,长期以来很重视外请讲座,同时,外请讲座在我院的发展壮大过程中,也发挥着越来越重要的作用。

1. 外请讲座有力地推动了我院培养全球产业领袖的战略

外请学术讲座拓展视野(国际视野)。外请讲座这里面就有一个"外"字。它体现了大学与外界的联系,避免了近亲繁殖导致的学术眼光短浅、脱离社会实践的种种弊端。一个"外"字,体现我院培养全球产业领袖雄心的落实。我院长期以来非常重视和国际的接轨,经常不断地有来自世界各地的学者,给我院本科生、研究生举办讲座。

2. 外请讲座丰富和拓宽了我院学生科研选题的范围

我校每年对本科生和研究生都提供不同程度的资助,激励他们的学术研究激情。对研究生的资助力度更大一些。每年我院有很多学生都会参与这种研究。这表明我院学生的研究愿望是强烈的。而这些不同类型的讲座成为我院学生除了课堂来源之外的重要选题来源。

以上这些事实,都有力地印证了"第二课堂"的作用不能忽视。

三、外请讲座现状与问题调查

1. 调查基本情况

本次调查于2011年6月份以问卷调查的形式进行,调查是围绕旅游管理学院的外请讲座展开的。这里的外请讲座,主要指讲座人是来自北京第二外国语学院以外的专家学者(包括客座教授)。讲座内容不仅仅指学术讲座,还包括社会实践讲座和就业指导讲座等。调查对象是北京第二外国语学院旅游管理学院本科生及研究生,具体构成见图1。其中,本科生是按照各班级人数10%进行发放的;研究生则是全部发放。总共发放问卷240份,收回210份,其中无效17份(包括答题不完整的,或所有答案均为一个选项)。其中,研究生占整体样本的43.6%,本科生占整体样本的56.4%。

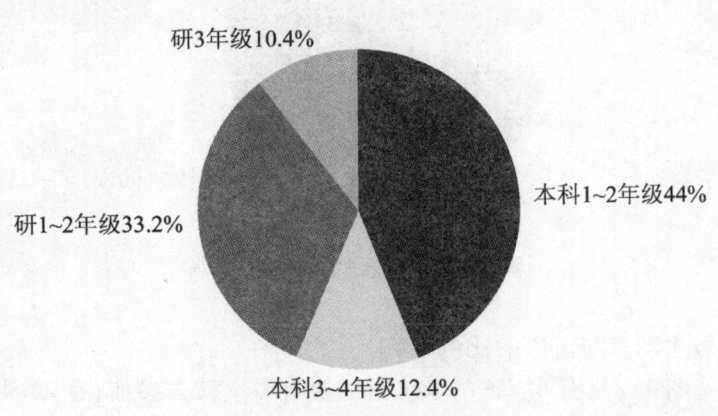

图1　问卷发放对象的构成

2. 调查结果描述

(1) 我院外请讲座的质量不低于学校其他讲座的质量

从学生对我院已经举办的讲座的反馈来看,总体质量不低于学校的其他讲座。图2显示,68.90%的学生认为质量相当,16.60%的学生认为与其他讲座相比质量更好。

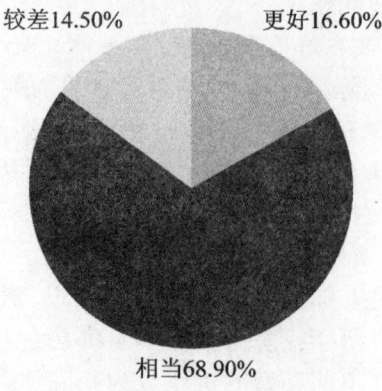

图2　外请讲座质量之问卷结果

(2)我院外请讲座在数量上比较合理的

调查显示(见图3),一半以上的学生对我院的讲座数量表示满意,认为不多不少正相宜。事实上,我院无论是领导还是老师,都比较重视外请讲座,一旦有合适的人选、合适的机会都会安排各种讲座,最大限度地为学生提供各种学习的机会。当然,也有近三成的学生认为讲座数量还不够。讲座的数量是衡量学院开放程度以及学术氛围是否活跃的指标。调查结果表明,院方对外请讲座是重视的,这一结果与现实也是相符的。

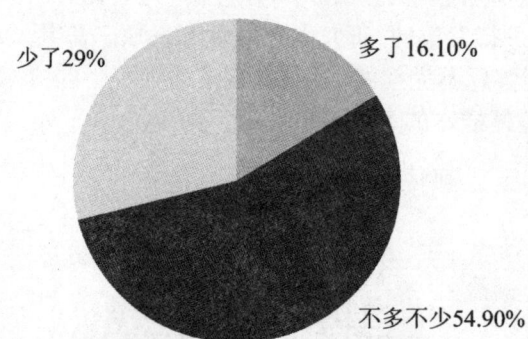

图3　外请讲座数量之问卷结果

(3)学生积极主动参与讲座的比例不高

调查显示(见图4),只有6.7%的学生是只要有讲座就去参加;有26.4%的学生是经常去参加。这两种情况加总起来的比例是33.1%。也就是说,只有三成的学生对讲座抱有积极主动的态度。而62.20%的学生只是偶尔去听讲座,这个比例之高超出了我之前的预期。可以理解为有六成的学生对外请讲座并不是很感兴趣,也许偶尔有他们感兴趣的主题或者讲座人,他们才会去,一般情况都不去参加。

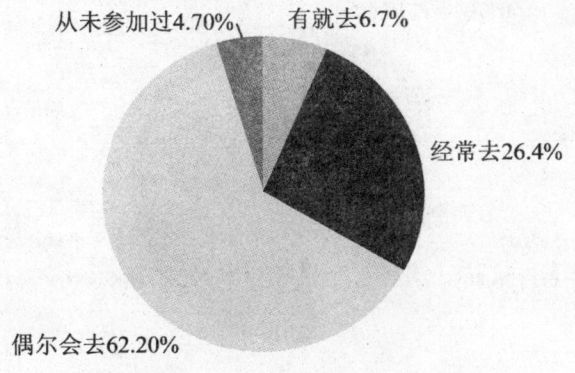

图4　参与外请讲座积极性的问卷结果

分析原因主要如下：内容不吸引人；外籍讲座仍存在语言障碍，理解受到影响；有些讲座形式大于内容；对自己的学习帮助不明显等。

（4）形式大于内容的外请讲座不如没有

在问卷中假设了一种情况，如果外请讲座没有必要，那是什么原因导致的？问卷显示（见图5），38%的学生认为是形式大于内容，34%的学生认为英语讲座存在语言障碍，学生对讲座的理解和把握都不够，实际上也有形式大于内容之嫌。由于我们的讲座计划性不够强，很多讲座人都有友情和关系的成分，导致了讲座带有较浓的"顺便"色彩。这种随机性可能导致讲座的针对性不够，内容的新颖性、新鲜度缺乏，低水平的重复在所难免。

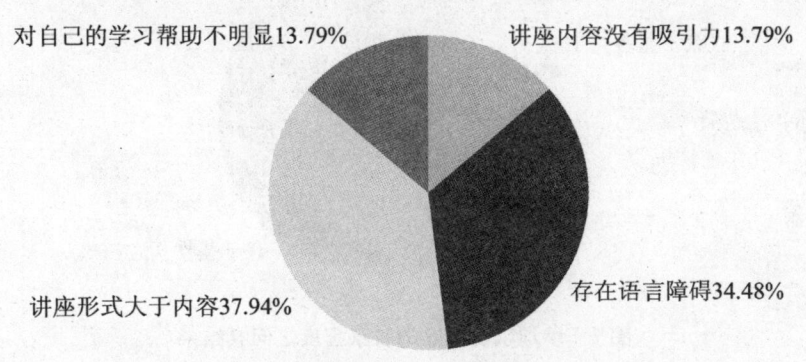

图5　外请讲座缺乏吸引力的原因分析

（5）外籍讲座仍存在语言障碍

尽管研究表明（见图6），38%学生对外籍讲座的理解程度能达到六七成，35%学生对外籍讲座的理解程度能达到一半。即使这样，语言障碍仍然成为不参加讲座的重要理由之一。试想一次讲座只听懂一半或者一半多一些，实际上对内容的理解还是停留在大致了解或者不甚了解的层面。特别是对于一个对讲座有期望、有要求的学生来说，是不能达到满意效果的。

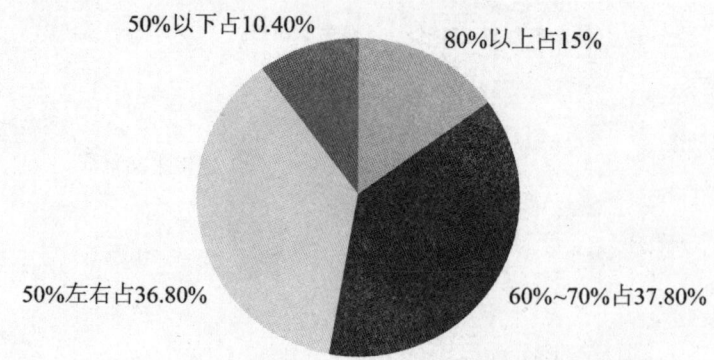

图6 能听懂外国学者的讲座的比例

(6) 外请讲座学生的收获一般

由于存在以上所提及的一些问题,所以,只有10.40%的学生感觉收获很大。31.10%的学生收获不明显,57.50%的学生有一些收获(见图7)。我们有理由认为,收获不明显和有一些收获这两部分学生属于收获不很满意的部分。最重要的原因是,讲座形式大于内容和语言障碍,比例达到72.41%,七成多的学生或因为语言问题或因为内容问题,对讲座的态度不主动、不积极。

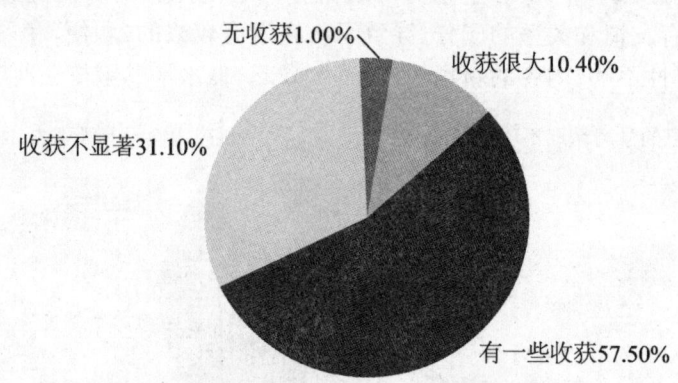

图7 参加以往讲座的收获程度之问卷结果

(7) 只有四分之一的学生是对我院外请讲座感到比较满意和非常满意

从调查的结果看(见图8),58%的学生对以往的讲座表示一般,23.80%的学生表示比较满意,1.6%的学生非常满意。对这组数字应该怎样解读呢?可以说74.6%的学生对以往的讲座持不满意态度,只有25.4%的学生对以往的讲座持比较满意和非常满意的态度。这样看来,实际上真正的满意度并不高。这一数字也恰恰反映了上述几方面的问题。比如,形式大于内容,实际收获不是很大,语言问题等。同时,有些讲座不满意与宣传过度有关,由于我们在介绍讲座的时候,经常将讲座的内容和讲座人过分宣传,甚至有些言过其实。这也是造成满意度不高的原因之一。

三、教育教学方法篇 111

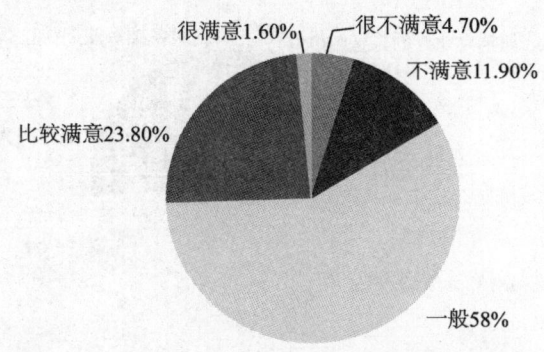

图 8　对我院以往外请讲座的满意度之问卷结果

四、未来外请讲座需要考虑和解决的问题

1. 外请讲座必须将"内容为王"奉为圭臬

(1) 内容是学生选择外请讲座的首要因素

在传媒界最为人熟知的从业理念之一,就是传媒企业的基石必须而且绝对必须是内容,内容就是一切!外请讲座与传媒提供给受众的东西有一个共同点——都是信息产品,信息产品内容不行,无论多么强大的媒介,最终也不会得到受众的认可。同样我们的各类外请讲座,学生最为关注的也是内容。我们通过不去参加外请讲座的原因(见图9)、当学院讲座与其他讲座冲突时的选择(见图10)以及参加讲座的动机(见图11)等方面,印证学生对讲座内容非常重视。

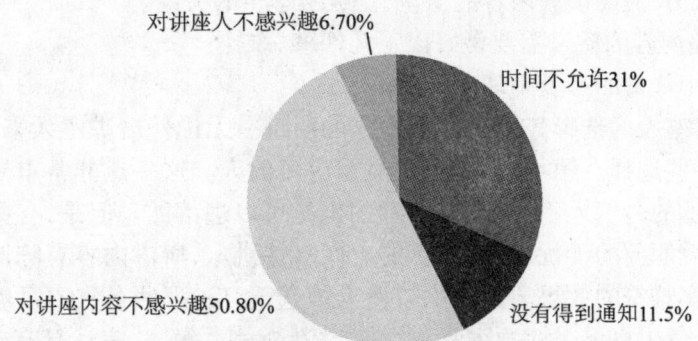

图 9　不去参加某些讲座最主要的原因之问卷结果

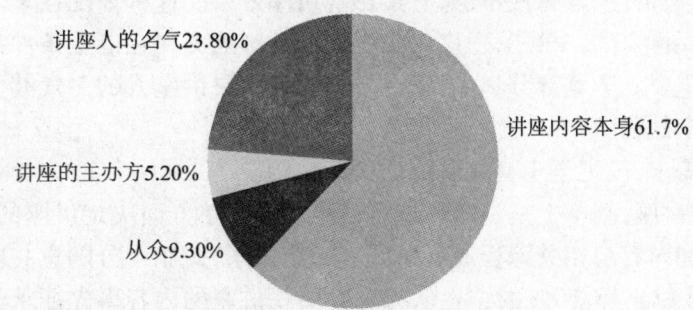

图 10　学院讲座与校级讲座冲突时的选择标准之问卷结果

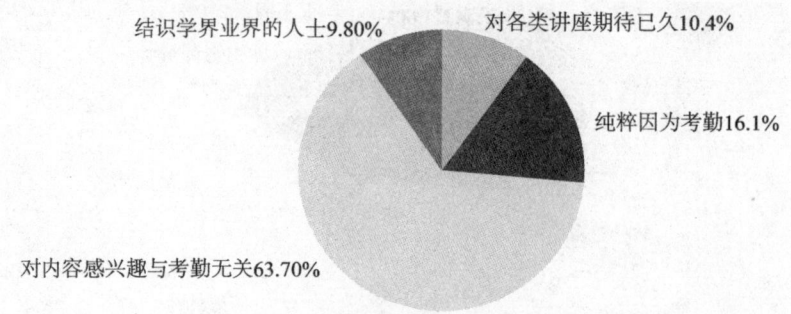

图11 参加外请讲座最主要的动机之问卷结果

虽然一次成功的讲座受很多因素的影响,比如,讲座的主办方、讲座的主题、讲座内容、讲座人、讲座的宣传造势、讲座的时间选择等,但是,核心的吸引力仍来自讲座内容本身。我们从调查数据可以证明这一点。第一,在学生不参加讲座的众多理由中,首先对内容不感兴趣的比例高达50.80%,其次才是时间不允许的(占31%)。第二,当学生面临两个以上讲座的竞争性选择时,学生首先考虑的因素仍然是讲座内容而不是讲座人。学生认为,讲座人来自国内国外并不是最重要的,而讲座有实质性内容才是他们更看重的。虽然讲座人的名气对于增加讲座的吸引力也是一个很重要的因素(占23.80%),但是,与看重内容本身61.70%的比例相比还是相差不少。第三,从参加外请讲座的动机看,对内容的重视程度排在第一位,达到63.70%,而不是我们想象的纯粹为了考勤或没得到通知等理由。通过以上三方面的阐述,我们认为,提高讲座内容的质量,是吸引学生的关键。

(2)提高讲座内容的质量需要做好以下几件事

①真才实学+认真的态度是理想的讲座人选。

客观地说,讲座人的选择直接关系到讲座的质量。无论外请讲座人来自学术界还是实业界,都应该做一些选择。第一,认真准备重视讲座的人。这一点非常重要。现实中,我们选择讲座人会从他的名气入手,这是有道理的也是可以理解的。但是,有些知名人士,由于社会应酬或者行政职务的干扰,没有足够的时间准备讲座,所讲内容有陈旧或炒剩饭之嫌,造成盛名之下其实难符的效果。这样的讲座人慎选,相反,那些名气不足够大,但是真正认真准备讲座,能给学生更多东西的讲座人,更受学生欢迎。第二,表达具有感染力,能吸引学生。有些学者学问足够深,研究成果足够丰富,在学术界得到了普遍认可。但是,表达能力不够出众,讲座的通俗性、趣味性不够,直接影响讲座效果。这种情况在学术讲座中较多见。这样的人选也需要再斟酌。第三,适度考虑讲座人的影响力。在以上条件都具备的情况下,当然名气就非常重要。毕竟部分学生在选择讲座时,如果讲座人的名气够大,可能会成为选择参加与否的一个砝码。

②关注学生需求,确定学生喜闻乐见的讲座主题。

目前,我们的讲座,基本上是讲座人或者讲座主办方单方面决定讲座的主题和内容。尽管所选定的主题和内容与相关课程或者研究有一定关系,并非十分随意。即使这样,我们在调查中发现(见图12),75.60%的学生认为有必要就讲座的内容事先征求学生意见。目前,我们很少就外请讲座专门征求学生意见,但是,学生却强烈希望能听听他们的要求。既然学生有这样的愿望,学院可以每学年开一次征求意见会,将学生关心的问题、话题搜集起来进行筛选,再结合学术界、实业界的最新动向和外请专家的实际情况,审定一批外请讲座的主题或话题,分别选择适合的讲座人,提前进行准备。相信通过这样的程序举办的讲座,学生会更感兴趣、更加喜欢。

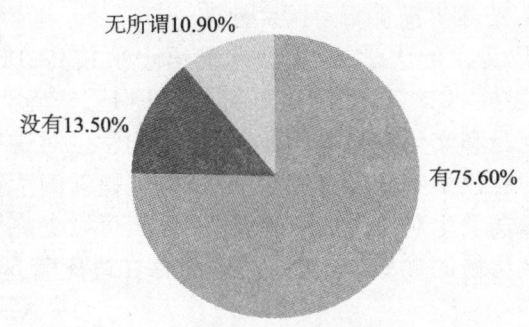

图12　讲座内容是否有必要事先征求学生意见之问卷结果

③讲座内容要体现几大特点。

第一,前瞻性。首先,应该给学生提供本学科领域最新的研究动态、发展趋势等。这主要表现为介绍和引进世界范围或者国外在某些领域的先进观念、最新研究方法和领先的研究以及这个研究所产生的价值和对未来的影响,从而让学生了解到自己与前瞻性研究存在多大距离,通过对差异的比较和了解,使学生真正了解差距并确定今后的研究方向。其次,给学生提供更多业界最新的动态和发展方向,让学生对社会和实业界有一个前瞻性的了解,从而及时调整和改变自己未来的职业生涯。最后,作为综合性很强的旅游学科,要得到进一步的发展和完善,需要从各种学科的发展中汲取营养。事实上,跨学科的研究是前瞻性的另一种表现。通过跨学科研究,通过学科间的融合,多学科的视角能增进对旅游学科的更深刻的认识和理解,进而获得新的发现。所以,旅游学科的发展,本身也需要邀请一些其他学科领域的学者和专家充实外请讲座的队伍,丰富讲座的内容。

第二,实用性。一方面,学术研究过程中一些实用性的指导是学生感兴趣的。比如,帮助硕士生、本科生明确硕士论文和学士论文是什么?应该如何选题、建立论文框架、选择研究方法等,这样不仅可以理清他们的思路,更能使他们的研究过程少走弯路,从而提高效率。另一方面,实用性体现在外请讲座的讲座人和讲座内容都来自社会实践中,他们把社会中最真实的现象剖析给处在象牙塔中的学子们,开阔了学生的眼界,丰富了学生的体验和认识,避免了从学术到学术的弊端。

第三,学术性。对于外请讲座中比例较高的学术性讲座,我们也希望体现出学术的纯粹性。"学术"指的是有系统的专门的学问。柏林大学的创始人威廉·冯·洪堡曾说过:"大学是从事纯科学研究的机构,其目的在于探求真理,而不是满足于社会的实际需要。当科学似乎多少忘记生活时,它常常才会为生活带来至善的福祉。"[①]

从我们今天的视角来看,这段话似乎与我们倡导的大学应该培养社会需要的人才是矛

---

① 许泽浩.论大学城校园学术讲座的兴起[J].中山大学学报论丛,2007(5):203.

盾的,当今的大学迫于就业的压力,或多或少地在偏离教育的本质——发展人的理性和心智以探究真理。事实上,当大学培养的学生真正具备了探索真理的意识、强烈的思辨能力、合理的知识体系、完善的人格时,什么样的职业不能胜任呢?大学教育如果仅仅沦落为一种职业导向的教育,那么也是大学教育的一种悲哀。

2. 外籍讲座最好事先给学生提供相关阅读材料

由于我校是一个外语为主的大学,学生普遍英语水平较高,所以,有一部分学生听外籍讲座能理解到50%,甚至70%程度应该不奇怪。但是,毕竟外籍讲座不是母语的讲座,或多或少会有语言问题和文化差异等问题,直接影响学生对讲座的理解程度。如果事先有计划性,能够提前一周让学生获得讲座的一些材料,提前阅读和准备(见图13),一方面可以降低语言障碍、激发学生对讲座的兴趣,另一方面可以提高学生对讲座本身的理解程度和满意度,起到事半功倍的功效。当然,这里面存在讲座管理的问题,这些将在以后的文章中探讨。

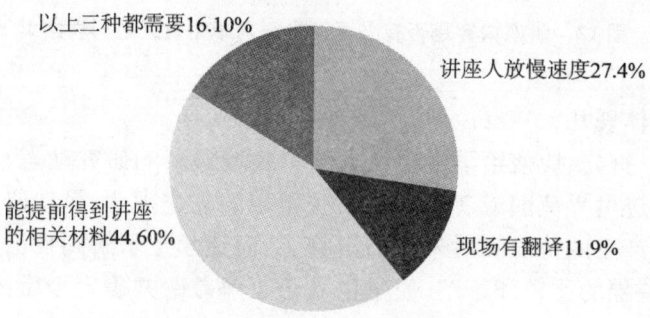

图13 对外籍讲座要求之问卷结果

3. 加强讲座的管理,减少外请讲座的随机性,提高满意度

如前文所说,由于我们有部分讲座是讲座人顺便过来做一次的讲座,因此,讲座具有较大的随机性。随机性是导致讲座质量不高的原因之一。一方面,讲座人的内容可能带有一定"随机性"(不排除随机条件下,也有好讲座的可能),无论从主题还是内容都带有随机性的意味,既然来了就讲讲吧,缺少应有的计划性,这在一定程度上影响了讲座的质量。另一方面,虽然我们举办的讲座中有相当一部分是提前通知的,但是,也存在讲座前一两天甚至前两三个小时才通知的现象,使得很多学生由于没有事先的计划而错过了听讲座的良机。没有事先的协调和调课,导致相当一部分有听讲座意愿的学生无法如愿。从以上两方面可以看出,我们的讲座需要良好的管理,尽量避免讲座随机性导致的一系列问题。要解决随机性的问题,就需要讲座管理强化计划性。每学期每学年的讲座费用有多少,需要邀请多少讲座人,什么主题,什么时间,应该事先有计划,加强有计划的专门性讲座的数量,减少随机性的讲座,就可以避免很多问题,讲座的质量和满意度也能随之提高。

4. 合理安排讲座时间,扩大外请讲座受益范围

目前,我们有一部分讲座安排在课堂上,占用了课堂时间。这样安排的结果,使讲座的获益范围受到很大限制,没有最大限度地发挥讲座的价值和效用。在我们的调查中(见图14),大约61%的学生希望讲座的时间安排在周一至周五的课余时间为最佳,如果有可能尽

量将外请讲座安排在更多学生(包括学校其他院系的学生)都能受益的时间段。让讲座这种第二课堂形式,发挥应有的作用。

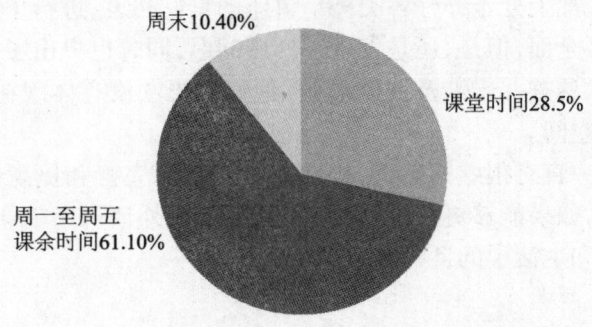

图14　讲座安排在什么时间比较合理之问卷结果

5. 适当增加实业界人士的讲座

当前学生面临就业压力,无论是研究生还是本科生花费大量的时间和精力寻找各种就业信息和机会,以期寻找一个理想的工作。鉴于他们本身对行业、对社会的了解有限,他们希望通过各种讲座获得他们希望获得的信息甚至是未来工作的选择走向。所以,学生要求讲座内容偏重实际(见图15)。行业动态和择业就业指导的讲座大约占66%;而对于学术研究的重视程度低于对行业的认知的兴趣,仅占34%。与此相辅相成的一个调查结果也表明,学生希望讲座人来自实业界的比例高达67.40%,希望讲座人来自学术界的只占15%(见图16)。

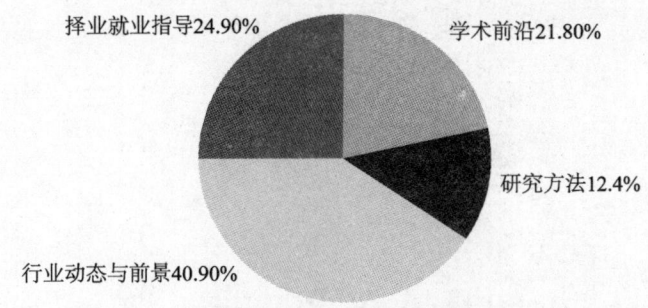

图15　学生更倾向哪种类型的讲座之问卷结果

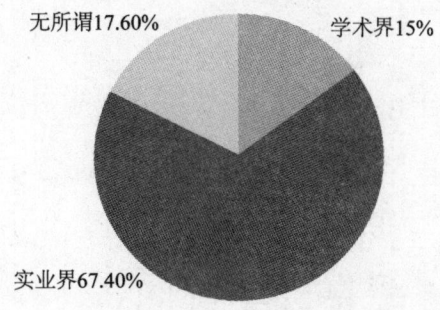

图16　学生希望讲座人来自哪个领域之问卷结果

五、小结

一次偶然的发现,加上处于办好各类外请讲座的良好初衷,进行了以上的探究。虽然调查的范围有限,也未必全面,但是,还是发现了一些问题,同时也提出了一些需要未来考虑解决的问题。当然,本次调查并未涉及我院教师,他们的想法没有体现在本次论文中,也给未来进一步研究留下了空间。

外请讲座在我院一直有很好的传统,也一直处于不断完善和提高中。未来我们的各类外请讲座会越来越多,如果能够更好地计划和统筹管理,外请讲座就会发挥更大的效用,也会成为学生大学学习和生活中的良师益友。

(作者单位:北京第二外国语学院 旅游管理学院 北京 100024)

参考文献

[1]蒋凯.前沿讲座在研究生学术成长中的作用[J].学位与研究生教育,2011(3):36.

[2]李强.大学理念再思考[J].北京大学教育评论,2005(4).

[3]田仙贵,等.大学学术讲座的产生与发展[J].宿州教育学院学报,2008(1).

[4]许泽浩.论大学城校园学术讲座的兴起[J].中山大学学报论丛,2007(5):203.

[5]肖川,胡乐乐.论研究生学术能力的培养[J].学位与研究生教育,2006(9).

现代旅游职业经理人法律素质的培养[①]

韩玉灵　武冰欣

【摘　要】　现代职业经理人法律素质的培养十分重要。本文从职业经理人的产生和素质要求入手,论述了培养职业经理人法律素质的必要性和应当具备什么样的法律素质,重点探讨了现代旅游职业经理人法律素质的培养模式。本文提出了充分利用高校教育资源、企业培训平台以及职业经理人个人修养,形成三者间相互作用、相互补充、共同培养的模式,并在此基础上具体探讨了针对旅游职业经理人的教学模块的设计。

【关键词】　职业经理人；法律素养；培养模式；教学模块

一、市场经济背景下的职业经理人

1. 职业经理人是市场经济高度发展的产物

从本质上而言,职业经理人是以其专业管理能力,代替企业所有者行使经营管理职能,为其赢得高额利润回报的人。随着市场经济的繁荣发展,企业生产规模的不断扩大与业务范围的进一步拓展,客观上要求经营管理活动更加专业化、规范化。为适应市场经济发展的规律,谋求长远发展,企业必然要变革原有体制,建立现代企业制度。企业各项业务的经营活动需要专业人员进行管理;企业的所有者逐渐将经营权分离出来;所有权与经营权的分离,促使专门以管理为职业的经理人阶层应运而生。由此可见,职业经理人阶层的出现,是市场经济高度发展的产物,是企业建立现代企业制度、谋求长远发展的必然选择。

2. 职业经理人的素质要求

职业经理人作为职业的企业经营管理者,为实现所有者财产的保值和增值,应当具备适应企业治理结构和经营方式的综合素质。主要包括:第一,崇高的职业道德素质。这是职业经理人的基本条件,表现为强烈的社会责任感、企业忠诚感和历史使命感,以及无私奉献的精神和较高的商业道德水准。第二,优秀的专业素养。这是职业经理人的必备条件,主要表现为扎实的理论功底和出色的业务能力。第三,良好的法律素质。法律规范是企业经营管理的行为准则,也是职业经理人应当具备的重要条件。主要表现为掌握基本的和专业领域的法律规范、具备法务管理能力以及合理规避法律风险的意识。第四,健康的身心素质。这是职业经理人肩负责任和使命的基础保障,主要表现为健康的体魄和良好的心理素质、乐观自信的态度和坚忍不拔的意志,以及开放的思想和卓越的追求。

---

①　本研究得到"国家级旅游特色专业"项目资助以及"专业建设—新专业建设—酒店管理"经费资助。

二、现代旅游职业经理人法律素质的培养

1. 法律素质及其培养的必要性

本文所指法律素质,是指人们通过一定的理论学习和社会实践而形成的法律理论知识、法律应用能力以及法律思维意识的总和。三个要素相互联系不可分割,共同构成了法律素质的基本内涵。其中,法律理论知识的储备是法律素质培养的前提和基础,法律应用能力的形成是法律素质培养的最终目标,而法律思维意识的树立则是法律素质培养的思想保障。

市场经济是法制经济,企业的经营管理、资本运作等离不开法律的规范和指引,企业也只有依法经营,才能成为真正的市场主体。在现代企业制度中,拥有经营权和管理权的职业经理人受托在职权范围内依照合同的约定全面负责企业整体运营,其职责就是在法律范围内实现企业所有者财产的保值和增值。因此,职业经理人必须重视企业的依法经营和制度建设,重视法制建设和法务管理,使企业经营管理的各项工作走上"法治"轨道。这既是顺应我国法制经济客观规律的必然要求,也是加强企业法制建设、践行"依法治企"目标的必经之路。

从旅游企业内部管理来而言,良好的法律素质可以帮助旅游职业经理人提高决策质量,确保企业的合法经营及合法权益。在企业的日常管理中,真正影响其经营活动合法性的是经理,而不是企业的律师或法律顾问。不同于制造企业经理人,旅游职业经理人需要直接与客人即产品的最终消费者打交道,常常要根据自身对法律的解释去处理各项事务、解决各种纠纷并进行各种决策,而其所作出的决策又会直接影响企业的法律地位。因此,良好的法律素质可以使职业经理人从法律的视角出发,科学分析和判断市场经济中的盈与亏、机会与风险及竞争与合作,自觉做到追求利益最大化下的"依法盈利"、效率最高化下的"依法决策"、成本最小化下的"依法调解"以及风险最低化下的"依法规避",正确引领企业法治化的发展道路。同时,也为企业支撑起法律的保护伞,知法守法的同时,能够合理用法,以法律武器维护企业及自身的合法权益。

2. 旅游职业经理人应具备的法律素质

需要强调的是,培养旅游职业经理人的法律素质,并不等同于让其成为专业律师或者法律工作者,而是令其能够自觉在法律的框架下考虑和评判自身的行为决策,并且有效地根据当前的法律环境行使管理职能。因此,旅游职业经理人的法律素质可以体现在旅游企业经营管理的许多方面。例如,旅行社职业经理人规范操作旅游业务,理性处理旅游投诉;饭店职业经理人依法管理、守法经营,避免法律漏洞所导致的损失;景区职业经理人在法律的许可范围内按照景区所有者或投资商的规则盈利等。具体而言,旅游职业经理人应具备以下三个方面的法律素质。

(1) 法律理论知识

作为现代旅游职业经理人,在掌握基础法律知识的同时,还应熟悉旅游企业经营管理所涉及的相关法,以及旅游行业的各种专项法律法规。具体而言,包括以下三个层次:第一,基础法律知识,主要指有关我国现行立法体系中的实体法律制度和程序法律制度的相关知识;第二,相关法律知识,主要指旅游企业资本运作和经营管理所涉及的相关法律知识;第三,专项法律知识,主要指旅游行业的法律法规知识。详见表1(以旅行社、饭店和旅游景区为例)。

表1 旅游职业经理人的法律知识结构

知识结构		相关内容
基础类	实体法律制度	民商法、经济法、行政法和刑事法
	程序法律制度	诉讼法律制度、仲裁和民事调解法律制度
相关类	民事法律关系	民法、合同法、劳动法、侵权责任法、消费者权益保护法、最高人民法院相关司法解释
	知识产权法律关系	商标法、专利法、著作权法、知识产权保护法及知识产权保护公约
	其他	公司法、保险法、环境法、资源法、交通运输法、食品安全法、文物保护法、产品质量法、反不正当竞争法
专项类	旅游行政法规、部门规章及其他规范性文件、地方性法规及行政规章	保护旅游消费者合法权益的相关法律制度
		规范旅游从业主体的相关法律制度
		保护旅游资源的相关法律制度
		有关旅游市场规制的相关法律制度
		解决旅游纠纷的相关法律制度
	旅行社	旅行社管理、领队及导游人员管理、出国旅游管理、边境旅游管理、旅游安全管理、游客投诉管理、旅游外汇管理等法规制度
	饭店	饭店管理、食品安全管理、卫生消防管理、娱乐场所管理、游客投诉管理等法规制度
	旅游景区	风景名胜区管理、自然保护区管理、文物与世界遗产保护管理、特种旅游项目管理、旅游安全管理、游客投诉管理等法规制度

(2)法律应用能力

旅游职业经理人应当善于把法律知识运用到实际工作中,依法制定和解决旅游企业经营管理中的各项重大决策和问题纠纷。具体而言,旅游职业经理人应具备的法律应用能力,主要包括以下四个方面:第一,预见能力。即能够从适应宏观法律环境出发,利用预防性管理的理念对企业内部状况作出较恰当的判断和展望,最大限度地减少法律冲突的可能。第二,决策能力。即能够根据法律规范对企业经营战略的执行和决策的制定作出正确的选择。第三,表达能力。即能够在企业经营管理中准确地运用法律知识,合理地表达自己的法律见解。第四,守法护法能力。即能够依法行使权利、履行义务,并且在个人、他人和企业以及国家的利益受到损害时,能够寻求合法的救济途径,自觉运用法律原则和制度维护正当权益。

(3)法律思维意识

旅游职业经理人应具备健全的法律思维意识。即旅游职业经理人能够依法分析判断旅游企业经营管理中的各种法律现象和法律关系,并且持有牢固的法制观念意识,严格约束自身行为和规范企业经营管理。具体而言,包括:第一,养成法律思维方式思考问题的习惯。

即能够用法律思维方式来对待旅游经营中的问题,评价旅游企业及旅游消费者个人的法律动机和法律行为,以及协调企业各利益相关者的法律关系。第二,树立"依法治企"的理念。即能够正确认识旅游企业及其经营者、旅游消费者个人的各项法律权利和法律义务,并将其内化为自身的法律认同和法律信仰,进而外化成约束规范自身和企业的行为准则。

三、现代旅游职业经理人法律素质培养模式的构建

目前,我国学术界有关旅游人才培养的研究,多集中在高校旅游管理专业的教育理念创新、教学方法改革等方面。部分针对如何培养旅游职业经理人的研究,也大多侧重于探讨其专业素质的培养,较少关注其法律素质的培养,尚未指出我国现代旅游职业经理人法律素质的培养之路,尚未构建具体的培养模式。因此,有必要进行补充研究和拓展研究,构建出一个系统的、动态的、高效的旅游职业经理人法律素质培养模式。本文设想,充分利用高校的教育资源、企业的培训平台及旅游职业经理人的个人修养,从而形成三者之间相互作用、相互补充,"高校 & 企业 & 校企 & 个人"共同培养的旅游职业经理人法律素质培养模式。并且针对潜在旅游职业经理人和现有旅游职业经理人所处的不同阶段,设计出高校"法律理论知识"教学模块、企业"法律应用能力"培训模块、校企"法律理论实践"互动模块和个人"法律思维意识"自修模块四个部分。具体构建模式如图1所示。

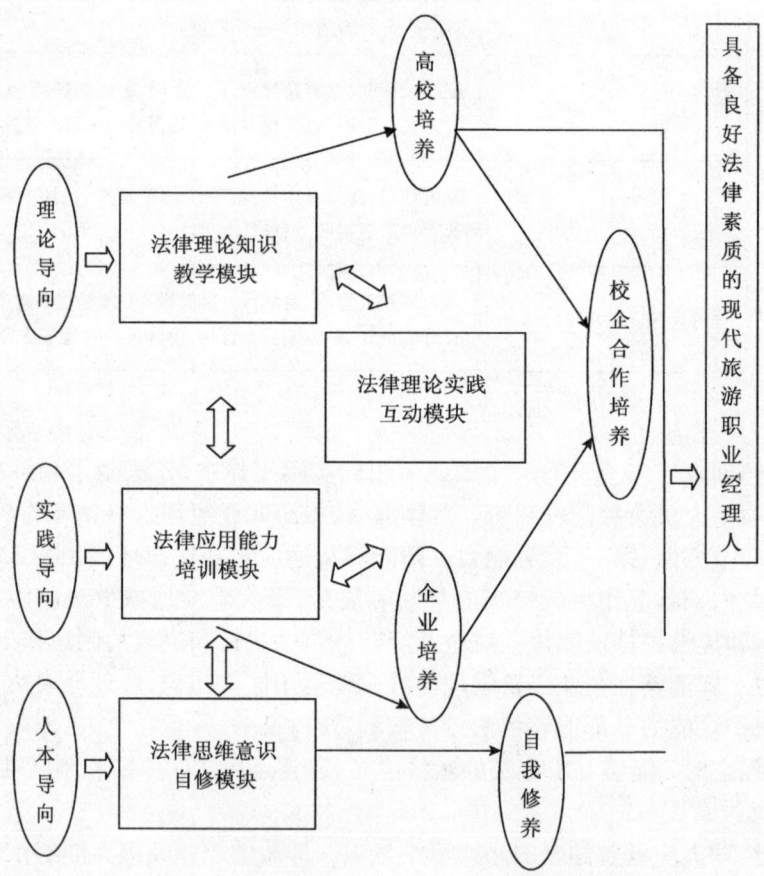

图1 现代旅游职业经理人法律素质培养模式

1. 高校"法律理论知识"教学模块

高校"法律理论知识"教学模块,就是通过高等院校旅游管理本科教育,进行系统化的法律知识灌输和组织教学,从基础上提升未来旅游业从业人员,即潜在旅游职业经理人的法律素质。该模块应用于法律理论学习阶段,主要的培养对象为高校旅游管理相关专业学生,目标是通过法律理论知识教学,使学生掌握基础类法律知识,了解相关类法律知识,熟知专项类法律知识。该模块的体系设置如图2所示,主要包括教学内容和课程的安排以及教学形式和方法的创新两方面。

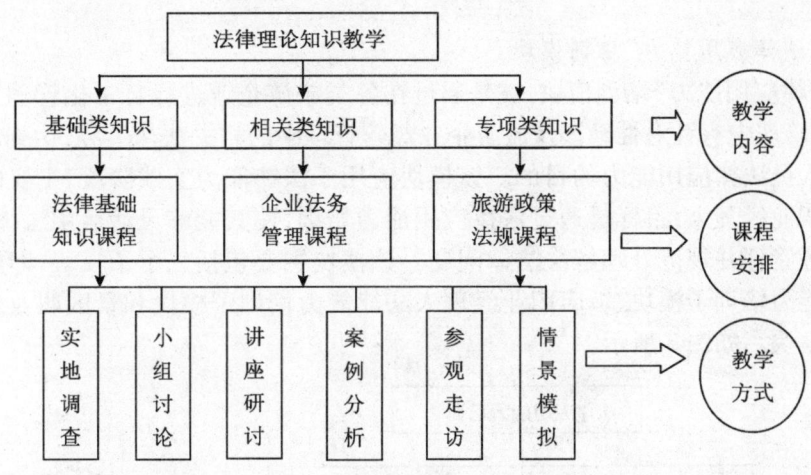

图2 高校"法律理论知识"教学模块体系设置

(1)教学内容和课程的安排

在教学过程中,要营造以"旅游"为特色的法律教学氛围。教学内容必须要贴近旅游业,服务于旅游管理专业。将旅游企业经营管理活动中涉及的相关法律问题和法律关系,渗透到法律理论知识的讲解中。法律课程的安排也要符合旅游管理专业实际需要,注重应用性和实践性,重视对旅游业法规制度的深入剖析。开设以"思想道德修养与法律基础"为核心的公共必修课体系,以及涉及市场资本运作相关法律法规的公共选修课体系;根据不同领域职业经理人的知识结构,开设以"旅游政策与法规"为核心的专业必修课体系,以及涵盖旅游企业经营管理相关法律事务的专业选修课体系。课程安排详见表2。

表2 高校旅游管理专业法律教学课程安排

类别		法律课程
公共课	公共必修	思想道德修养与法律基础、经济法
	公共选修	税法、合同法、公司法、价格法、劳动法、侵权责任法、知识产权保护法、消费者权益保护法等
专业课	专业必修	旅游政策与法规、旅行社法务管理、饭店(餐饮)法务管理、旅游景区法务管理、会展公司法务管理
	专业选修	旅游企业财务管理、旅游企业风险管理、旅游保险管理、旅游纠纷管理、旅游安全管理、旅游企业人力资源管理

(2)教学形式和方法的创新

与旅游管理专业知识的生动性和趣味性相比,法律理论知识略显晦涩和烦琐。为了提高广大学生对法律知识的学习热情以及知识传播的有效性,高校旅游管理专业法律课程的教学形式和方法应该具有灵活性和多样性。可采用小组讨论、讲座研讨、案例分析、情景模拟、参观走访及实地调查等互动式或"走出去"的教学方式,侧重引导学生用所学理论知识来分析和解决旅游企业经营管理中的法律问题。在条件允许的情况下,还可以组织学生观看旅游法制教育宣传片,到司法机关参观学习和旁听庭审及深入有关旅游机构或企业进行调研等活动。

2. 企业"法律应用能力"培训模块

企业"法律应用能力"培训模块,就是通过在各类旅游企业进行日常化管理工作并赋予一定权限,在培训中有针对性地涉及旅游企业经营管理中的相关法律事务,达到培养旅游企业经营管理人员法律应用能力的目的。该模块应用于法律能力实践阶段,主要的培养对象为现有旅游职业经理人,目标是通过法律应用能力培训,使其能够灵活运用法律知识、全面践行企业法务管理并规范处理解决法律问题。该模块主要包括三个子模块,即旅行社职业经理人法律能力培训子模块、饭店职业经理人法律能力培训子模块和景区职业经理人法律能力培训子模块。如图3所示。

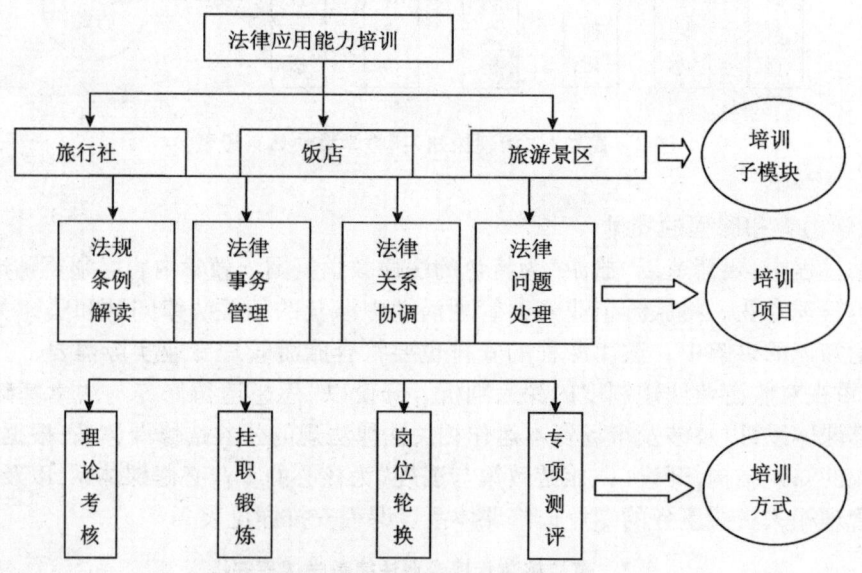

图3　企业"法律应用能力"培训模块体系设置

(1)旅行社职业经理人法律能力培训子模块

旅行社职业经理人是运用现代经营管理知识、方法和手段,从事旅行社合法经营与管理的人员。旅行社职业经理人需要具备旅行社经营管理的能力、业务技能和实践经验,根据旅行社的经营业务和日常管理,旅行社职业经理人法律能力培训子模块的项目设置及培训内容如表3所示。

表3　旅行社职业经理人法律能力培训项目设置

项　目		培　训　内　容
法律法规解读	企业管理	合同、价格、税收、竞争法律制度,旅行社条例及其实施细则
	人员管理	劳动法、劳动合同法,导游人员管理条例及其实施办法、出境旅游领队人员管理办法
	业务经营	旅行社业务经营许可证制度、质量保证金制度、监督检查制度、公告制度、责任保险制度、出国旅游管理制度、旅游投诉处理办法、边境旅游暂行管理办法、中国公民出国旅游管理办法
法律事务管理		劳动争议、财务结算、投诉处理、纠纷解决、依法纳税、风险规避
法律关系协调		总社与分社,组团社与接待社,旅行社与政府部门及其他相关企业,旅行社与游客、员工及其他利益相关者
法律问题处理		合同纠纷,单项委托、批零体系运营、挂靠或承包经营、不正当竞争、责任险及质量保证金,服务纠纷(日期延误、内容不符、质量降低等),人身侵权及财产侵权赔偿

(2)饭店职业经理人法律能力培训子模块

饭店职业经理人是运用现代经营管理知识、方法和手段,从事饭店合法经营与管理的人员。饭店职业经理人需要具备饭店经营管理的能力、业务技能和实践经验,根据饭店的经营业务和日常管理,饭店职业经理人法律能力培训子模块的项目设置及培训内容如表4所示。

表4　饭店职业经理人法律能力培训项目设置

项　目		培　训　内　容
法律法规解读	企业管理	合同、价格、税收、竞争法律制度,中国旅游饭店行业规范、评定旅游(涉外)饭店星级的规定及标准
	人员管理	劳动法、劳动合同法
	业务经营	住宿合同法律制度,娱乐场所管理条例、营业性歌舞娱乐场所管理办法
	安全保障	食品安全法、旅店业卫生标准及饭馆(餐饮)卫生标准、旅馆业治安管理办法、公共娱乐场所消防安全管理办法
法律事务管理		劳动争议、财务结算、投诉处理、纠纷解决、依法纳税、风险规避、特许经营、并购重组
法律关系协调		总店与分店,饭店与饭店集团,饭店与政府部门及其他相关企业,饭店与顾客、员工、供应商、投资商及其他利益相关者
法律问题处理		合同纠纷,治安纠纷,服务纠纷(收取附加费、星级不达标、卫生不合格等),人身侵权及财产侵权赔偿

(3) 景区职业经理人法律能力培训子模块

景区职业经理人是运用现代经营管理知识、方法和手段,从事旅游景区合法经营与管理的人员。景区职业经理人需要具备旅游景区经营管理的能力、业务技能和实践经验,根据旅游景区的经营业务和日常管理,景区职业经理人法律能力培训子模块的项目设置及培训内容如表5所示。

表5 景区职业经理人法律管理培训项目设置

项 目		培 训 内 容
法律法规解读	企业管理	合同、价格、税收、竞争法律制度
	人员管理	劳动法、劳动合同法
	业务经营	环境保护法、文物保护法、风景名胜区条例、自然保护区条例、旅游安全管理暂行办法、漂流旅游安全暂行办法
法律事务管理		劳动争议、财务结算、投诉处理、纠纷解决、依法纳税、风险规避
法律关系协调		景区与政府部门及其他相关企业,景区与游客、员工、开发商、投资商、所在社区及其他利益相关者
法律问题处理		合同纠纷,票务纠纷,服务纠纷(乱收费、设施设备质量安全不达标、安全警示不到位等),景区公共设施损坏、旅游资源破坏,突发事件应对及安全事故处理,人身侵权及财产侵权赔偿

3. 校企"法律理论实践"互动模块

校企"法律理论实践"互动模块,就是将理论知识教学与实践能力培训相结合、相渗透,搭建法律素质校企合作培养平台。从未来旅游业从业人员,即潜在旅游职业经理人的法律应用能力,以及现有旅游职业经理人的法律理论知识两个方面进行针对性培训和教学,实现法律素质的全面提升。该模块的培养对象为潜在旅游职业经理人和现有旅游职业经理人,目标是增强潜在旅游职业经理人法律实践应用能力,完善现有旅游职业经理人法律理论知识体系。该模块的内容主要包括"高校主导"教育子模块和"企业主导"实习子模块两方面。如图4所示。

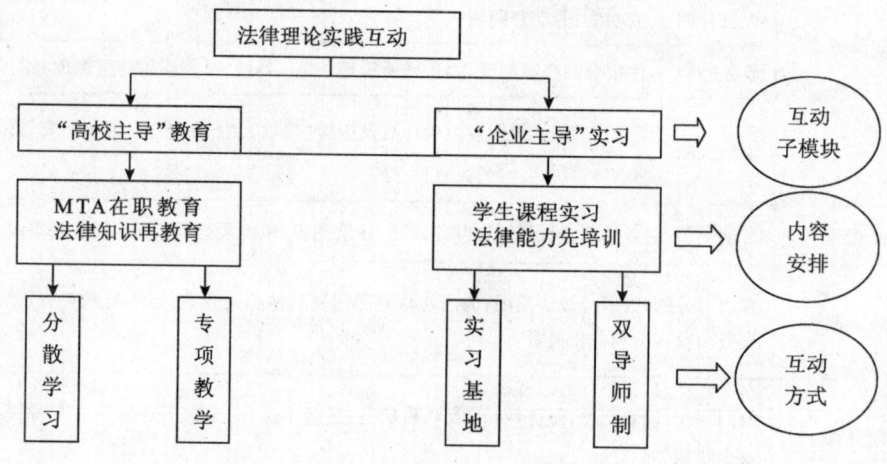

图4 校企"法律理论实践"互动模块体系设置

（1）"高校主导"教育子模块

"高校主导"教育子模块，就是结合高校"法律理论知识"教学模块，为旅游企业现有职业经理人法律素质的培养搭建高校教学平台。主要内容为MTA在职教育，实现对现有职业经理人法律知识的再教育。以高校为主导的校企互动方式应具有针对性，一方面，MTA在职教育要将大规模组织学习转变为小规模的分散式学习；另一方面，针对不同企业类型的旅游职业经理人，以小班授课的形式进行专项法律知识的教学。

（2）"企业主导"实习子模块

"企业主导"实习子模块，就是结合企业"法律应用能力"培训模块，为潜在旅游职业经理人法律素质的培养搭建企业实习平台。主要内容为学生课程实习，实现对潜在旅游职业经理人法律能力的先期培训。以企业为主导的校企互动方式应具有针对性，课程实习应以法律应用能力为导向，建设以旅游企业法务管理能力培训为核心的课程实习机制。一方面，建设校企互助实习基地，以大中型旅游企业的法律事务部为学生的实习基地；另一方面，实行"双导师"制度，聘请企业专业法律顾问或法务管理人员担任学生的企业导师。

4. 个人"法律思维意识"自修模块

个人"法律思维意识"自修模块，就是旅游职业经理人个人在理论学习和管理实践中，不断培养自身的法律思维意识。该模块应用于法律思想提升阶段，主要的培养目标是，使旅游职业经理人能够自觉培养法律思维方式，强化法治意识观念。该模块的内容主要包括法律思维方式养成和法律意识观念树立两方面。如图5所示。

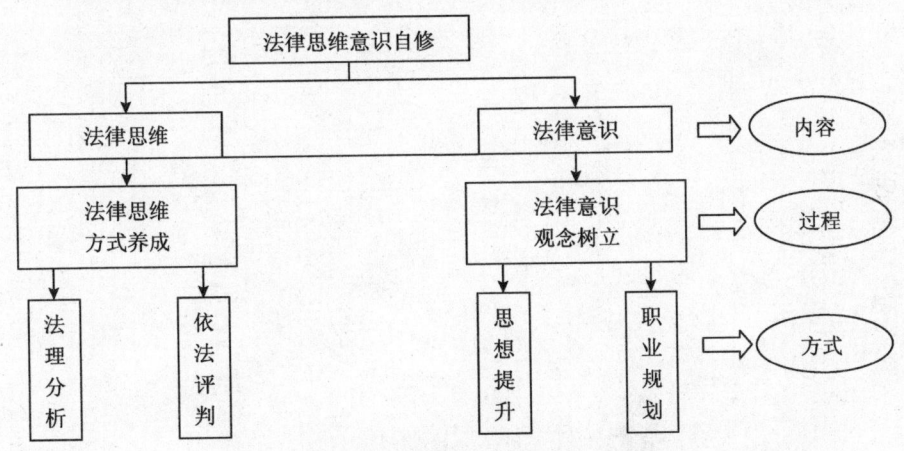

图5　个人"法律思维意识"自修模块体系设置

（1）法律思维方式养成

法律思维方式的养成，就是通过对法律概念的准确把握，逐渐养成用法律思维去思考问题，并熟练运用法律推理去论证或评判法律意见、法律裁决等。养成法律思维方式的途径有两个，一是自觉按照法律的逻辑来分析问题。旅游职业经理人在日常工作中，要注重法理思维的应用，并自觉培养自身依法分析相关法律关系和法律问题的思考模式。二是自觉按照法律的命题来评判结果。旅游职业经理人在处理企业法律事务时，应注重对法律事实的调查认证，并自觉培养自身依法推理相关法律责任和法律裁决的评判模式。

（2）法律意识观念树立

  法律意识观念的树立,就是通过个人情感上对法律的尊重和信仰,在日常生活和工作学习中自觉守法护法,并以法律为基准规范自身行为。树立法律意识观念的途径有两个,一是将法律素质自我修养纳入旅游职业经理人的个人职业生涯规划中。法律意识观念的树立是一个长期的、循序渐进的过程,这一过程可以伴随旅游职业经理人的整个职业生涯。因此,旅游职业经理人在制定个人职业生涯规划时,应以法律视角来审视和选择自己的发展方向和职业目标,从而形成正确的价值观和职业倾向。二是以法律思想的提升为旅游职业经理人法律意识观念树立的最终目标。法律思想的提升来源于旅游职业经理人的个人努力和自我培养,通过高校教育及企业培训,旅游职业经理人还应继续加强个人学习,阅读大量法律书籍和文献资料,深入了解法律的发展历史和体系形成,培养对法律的崇尚和信仰,不断提升自身的法律思想。

（作者单位:北京第二外国语学院 旅游管理学院 北京 100024）

参考文献

[1] 王芳. 现代旅行社职业经理人教程[M]. 北京:化学工业出版社,2010.
[2] 王丽. 现代饭店职业经理人教程[M]. 北京:化学工业出版社,2011.
[3] 余子萍. 现代景区职业经理人教程[M]. 北京:化学工业出版社,2010.

MBA 案例教学及其循证思想

邹统钎　王浩　齐昕

【摘　要】　国际化背景下,中国亟须通过 MBA 教育培养本土职业经理人。案例教学是 MBA 教育的重要方法。MBA 案例教学的成功之处在于,遵循了循证思想,其局限也可以在此思想指导下改进。文章最后提出了循证思想对我国 MBA 案例教学的启示。

【关键词】　MBA 教育;案例教学;循证思想

一、MBA 案例教学的重要性

1. 中国亟须职业经理人

当下中国,具有国际视野和经验,尤其是具有国际化关系网络的职业经理人成为紧俏人才,他们是中国企业走出去和国际化的重要推手。首先,职业经理人利用自己国际化的经验和优势,以职业经理人的身份帮助雇主进行全球扩张和发展。其次,职业经理人从事投资银行、咨询、会计、法律等"中介"行业,间接地帮助企业进行兼并、重组和扩张。随着中国法制环境和金融资本市场的日益优化,企业愈来愈需要专业化的资本、法律和管理等咨询服务,也需要越来越多的职业经理人投身于此类行业。最后,职业经理人自己创办企业进入市场。例如,上百家中国企业在以高科技板块著称的美国纳斯达克上市。

明略行(Millward Brown)2012 年 BrandZ 全球最具价值品牌百强排行榜上的中国企业超过 13 家,成绩斐然。但中国企业要想在日益开放的国内市场上保持主导地位并在国际上取得成功,需要更多具备商业扩张知识和技能的职业经理人的加入。位于中国的跨国公司同样需要来自中国的职业经理人,以便在中国发展良好的商业关系并成就事业。然而,中国欠缺职业经理人才,尤其是在国际舞台上。

2. MBA 教育培养职业经理人

诸多国家的成功实践证明,MBA 教育制度是培养职业经理人的有效办法,它为在企业界发展的人士创造了一个独特而有效的学习环境。MBA 教育不只是传授管理理论,而重在实践,强调决策与实用管理技能的训练。MBA 教育除帮助学员建立全面的知识结构外,还通过案例分析、实战观摩、项目咨询来培养学生的实际操作技巧。

MBA 教育具有高层次、职业性、务实性、综合性和国际性等特点。高层次,是指 MBA 教育培养的是企业管理人才。自 1908 年哈佛成立商学院开始招收 MBA 时起,这一培养目标

---

① 本研究得到"旅游管理国家级特色专业"项目资助。

一直保持至今。职业性,确定了 MBA 教育的培养目标是职业经理人,同时要求 MBA 教育教学内容与管理实践紧密结合,学员要通过参与管理实践工作来获得经验并善于运用现代企业管理知识。务实性,体现了 MBA 教育的核心在于,管理实践工作的优化,一切学习的理论需在现实中得以应用和检验。综合性,即 MBA 教育是多学科、复合型的工商管理教育,融合了经济学、管理学、心理学等学科内容。经济危机后国际 MBA 教育甚至将大量人文学科课程纳入进来,重视对职业经理人职业道德的培养。国际性,就是要面向全球企业的经营与管理,注重学员在多元文化环境中进行人际交往和管理工作,培养国际化的关系网络。

3. MBA 教育中案例教学的关键地位

管理是管理学的实践,是一门综合的学科。德鲁克曾指出:管理是行而不是知。相较于自然科学和经济学等社会科学,其理论和实践过程包括更多经验和艺术的成分。它所研究的问题不可能全部用规范的方式去表达,因而尽管 MBA 教育中需要大量理论知识的滋养,管理学的教学仅仅通过文字难以成功传播正确的思想,传统的课堂教育也难以造就成功的职业经理人。哈佛商学院之所以长期畅游于竞争的"蓝海",其 MBA 教育在全球独树一帜,很大程度上是由于对案例教学的专注。

哈佛商学院在 20 世纪五六十年代通过 11 期案例教学研修班,集社会智慧完善了案例教学体系。案例教学的生命力究竟何在,1940 年哈佛商学院的查尔斯·葛来格教授给出了一个耐人寻味的答案:因为智慧难以言传。商学院的案例教学借鉴了医学院和法学院的案例教学,由教授引导学员身临其境地模拟每个案例公司所遇到的经营决策,辨证施治。

二、案例教学的沿革、概念及评价

1. 案例教学的起源及推广

案例教学最初源于 19 世纪 70 年代哈佛大学法学院,最先运用于法学和医学教育,其后运用于管理学和其他学科领域。案例教学在创始之初受到其他学校教师的怀疑,但经过 30 年的发展,到 1915 年,案例教学已被美国所有的知名法学院所采用。

哈佛大学商业管理研究生院于 1910 年也开始采用案例教学。1910 年,克普兰德(Copeland,D)博士在哈佛商学院最先通过案例讨论进行管理学教学。1919 年,德汉姆任哈佛大学商学院院长后,案例教学得到进一步推广。他认为,商业课程应以真实管理实践中的问题为中心,而案例教学设置了真实的管理情境以满足这一要求。

20 世纪三四十年代,案例教学在美国大学商业教育中广为普及。在其后的几十年中,其他专业领域也开始把案例教学运用于各自的教学与培训之中。哈佛商学院在 20 世纪五六十年代通过每期为期 8 周共 11 期的案例教学研修班完善了案例教学体系,前后有 200 多位管理学院院长和资深教授参加。如今,案例教学成为世界 MBA 教育中培养学员职业素养的主要方法。

2. 案例教学的概念

案例教学,作为一种教学方法,使师生们参与到现实的管理情况或问题的直接讨论中,以培养学生多种多样的想法,掌握分析问题的技巧、学科理论,并通过评价不同决策方案作出决策。案例教学教育者本着理论与实际整合的宗旨,遵循教学目的和要求,以案例为基本素材,将学习者引入一个特定的真实情境中。通过师生、生生之间的双向和多向互动,促使学生理解问题并进行解决方案的选择。案例是对真实管理情境的描述,这些情境通常都会涉及一项决策或一个问题。情境的真实性是案例必需的要素。

3. 案例教学的评价

案例教学培养学生的批判反思意识、分析和解决实际问题的能力及团体合作能力,从而实现理论联系实际的教学目的。商业决策具有极其复杂性和答案多元性,教授不代替学员给出诊断和处方,任何企图给出通用公式或标准答案的努力都被认为是不妥的。

案例教学的优势主要如下:

(1) 将学员置于复杂的现实管理情境中,让学员由"局外人"变成"局中人",使其体验到实际管理工作问题的复杂性。

(2) 提供分析问题的理论框架和运用的真实情境,帮助学员不断提高分析实际情况、解决具体问题的能力。

(3) 让学员根据自己的知识和经验,根据案例提供的有限资料来进行决策分析,并根据不完全信息来判断形势,提出相应对策。

(4) 使学员积极介入或参与教学过程,在教学互动过程中开发学员多方面的潜能。

然而,案例教学在西方的商学院中也受到了广泛的质疑,主要包括以下三点:

(1) 案例与现实的差距。商学院中的案例教学无法提供"现实世界"的真实图景,文字表述的背景材料终究难以完全还原动态的现实世界。

(2) 案例角度的片面性。现实管理工作中的问题往往是复杂且非线性的。尽管有针对整体的综合管理案例出现,但案例写作往往有所倚重。就人力资源、运营管理等单个问题进行,不能说明管理实践的整体面貌。此局限性会导致学生对概念、原理等概括化知识的评判分析能力得不到有效培养。

(3) 案例教学以学生的积极参与为前提,教师的有效组织为保证,以精选出来的可以说明一些理论、原理和问题的案例为材料,而做到这三个方面的有机结合较为困难,有时收效甚微。某一个环节的谬误就会导致所教授思想的错误传达,误导正确的商业思维。

三、案例教学的哲学基础——循证思想

1. 循证思想

循证思想,基本含义指"审慎、明确、明智地应用现有最好的实践证据解决问题"。循证思想来源于19世纪中叶的医学领域,以此为指导的"循证医学"成为当代医学的热门议题。

循证思想既重视个人实践经验又强调采用现有的、最好的研究依据。因个人的经验是有限的且不全面,通过文献检索,从更大范围的别人的结论中获取最新的、可靠的信息以指导自己的决策,并利用历史的和最新的事实证据来佐证或否定自己的假设。始终以事实为最终依据,而不是理论的逻辑推理,采取利大于害的措施解决问题。例如,一位优秀的经理人应该既具备丰富的实践商业经验,又能依据现有最好的理论依据、文献研究和事实证据来指导实践,缺一不可。

2. 案例教学中的循证思想

案例教学正是对循证思想的实践,重视真实的情境再现,重视文献和理论的收集,以管理实践为佐证。通过案例还原真实情境,运用系统、最新的管理学理论,收集最新的管理实践信息作为参考,进行解决方案的选择和决策的制定。

而MBA案例教学备受批评的局限性也可以在循证思想指导下进行认识和改进。案例

与现实的差距以及案例角度的片面性未能真正在实际情景中实施解决方案和决策选择,导致案例分析等仍仅处于思维的推理层次,未能立即应用于实践并得到反馈。现有案例教学的成功通过学员毕业以后管理实践中的进步和经理人市场的高薪来证明其价值,不能说明案例教学和其效用之间的因果必然性。这点违背了循证思想中以事实为最终依据的原则。

因此,MBA 教学过程中如何使理论与实践联系起来,需要一个具有指导意义的愿景或模式来解决。过去的十多年里,医疗保健、教育、营销、心理等领域正努力以循证实践的方式来解决理论与实践的矛盾。案例教学的哲学基础正是循证思想,而案例教学的局限之处也可以在循证思想的指导下进行改进。

3. 循证思想促进 MBA 教育科学化

一般认为,管理科学化历程始于 19 世纪末 20 世纪初管理实践者的相关探索。如美国人泰罗对如何提高工作效率的研究,法国人法约尔对组织管理活动的关注,标志着管理活动从经验管理向科学管理的演变。从 19 世纪末到今天,管理学走过了一百多年的历程,期间经历了一些重要的发展阶段,产生了许多具有重大影响的思想和流派。其中包括:科学管理学派、古典组织理论学派、行为科学学派、管理科学学派、系统论和权变理论等数不胜数的流派,形成了庞大的管理学知识体系。

管理理论研究的发展不等同于管理实践的发展,因为,管理理论难以像实验室科学那样具体准确地指导职业经理人进行管理实践工作。一直以来 MBA 教育要解决的一个问题,就是如何将管理研究得出的科学规律与基本原则真正应用于管理实践,以指导管理实践真正循着科学的轨道行进。

MBA 教学者与学员似乎生活在两个相互隔离的世界中。学员不能按照已为管理科学研究所证明的、与员工生产率和企业财务绩效正相关的过程进行管理工作。一些真正有效的管理方法因不为研究和教学者所了解而长期未被理论总结和在 MBA 教学中推广,一些实际无效甚至有害的方法因从理论上推断可能有效而长期、广泛地存在于 MBA 教学中。MBA 教育与实践的鸿沟同样是管理理论与实践的鸿沟。

循证思想可以指导建立在最佳科学证据之上的科学管理理论转化为 MBA 教育的理论主体。通过循证的过程,基于充分的社会科学的研究成果和学员的管理实践作出改进,使管理理论和 MBA 教育从基于不系统的经验转变为基于最佳科学证据的状态。因此,循证思想将成为 MBA 教育科学化的指导思想。

四、循证思想对中国 MBA 案例教学的启示

1. 教学国际化与案例本地化的结合

优秀的 MBA 案例教学国际化程度很高,中国的 MBA 案例教学必须更加全球化。表现出色的人才均匀分布在世界各地。因此,商学院必须在全球范围内网罗行为榜样、创新的想法和最优秀的学员。MBA 课程和经理人需要更多地对多文化问题的讨论以及有关不同国际经商方式的对比。另外,案例教学需要立足于商学院所处的本地环境。目前,MBA 案例教学的案例主要来源于哈佛商学院,但全球商学院都或多或少地开发了自己的案例,因为国家之间的文化与制度环境差异制约了案例的普遍适用性。

就中国而言,中国企业历史较短而且成长迅速,经济处于转轨时期,制度环境变迁迅速,企业不得不努力适应没有清晰规则的竞争,因此中国的职业经理人要面对更复杂的决策变

量。另外,企业、员工根植的东方文化,也成为影响决策的文化因素。因此,MBA教育中,撰写本土性、真实性、教学适用性强,并可以得到国际案例机构认可,可以进入国际案例销售渠道的优秀案例成为必然的趋势。

现在已有16所中国商学院通过了Association of MBA的认证,达到了国际标准,但是所欠缺的是用本地的商业案例来教育MBA学员,让他们回到商业实战中。开发基于中国商业实践、达到国际标准的案例已引起了国内商学院的重视,北大、清华、上海交大等著名学校都建立了专门的案例中心。国内MBA采用的本土案例尚未得到国际认可,能进入国际案例销售渠道的案例数量有限,在撰写者素质、教学适用性和真实度等方面存在明显的改进空间。

2. 教学方法需要变革

在中国MBA案例教学过程中,如何创造一个活跃、具有批判性思维、充满学术气氛的环境是个关键的问题。在大多数商业和管理案例分析中,很少有完全正确或完全错误的答案,因而存在大量表达观点的机会。在西方案例教学中,教师的讲演往往是为了激起勤奋、好争辩学生的兴趣,授课教授把激发批判性意见和反馈视为己任。教师正式讲演的结束是学员讨论的开始,因为团队接着就开始为自己提出的论点、看法和决策进行辩护,学生们在白热化的辩论和争执中受益匪浅。这样的学习环境有利于培养沟通能力、团队合作精神和一般的管理技能以及翔实的知识。

3. 关注执行

在制定管理与组织决策时,需要可靠、有效的信息,最终的决策质量需要事实函数进行验证。案例教学应以事实为决策依据,而不能盲信管理理论。Sherman说过:"我们都有资格表达自己的观点,但没有资格拥有自己的事实。"关注不同案例分析决策方案的执行及效果成为必须。循证思想盛行的医疗领域因为强调实践证据,在医疗管理工作中,总是将管理学有关执行的研究成果作为参照系。案例教学中,如何用实践证据来检验学员不同的解决方案成为弥补案例教学局限性的可能方向。

(作者单位:北京第二外国语学院　旅游管理学院　北京　100024)

参考文献

[1] 华通明略. 苹果蝉联BrandZ全球最具价值品牌[OL]. http://www.ftchinese.com/interactive/801, 2012-05-22.

[2] 郭德红. 案例教学:哈佛商学院MBA教育的基本特征[J]. 大学教育科学, 2008(1): 22-24.

[3] 孙晓玲. 案例教学法:观念、组织程式与制约[J]. 广西大学学报:哲学社会科学版, 30: 24-28.

[4] 周金亮. 哈佛案例教学的特点及其对我国干部教育的一些启示[J]. 中国井冈山干部学院学报, 2006, 2(4): 114-122.

[5] 马爱萍, 徐洁, 等. 哈佛案例教学文献综述及其在北京第二外国语学院本科生旅游学概论课程中应用的探讨[A]//邱鸣. 中国旅游教育与教学法研究. 北京:旅游教育出版社, 2010: 322-332.

[6] 张鸣明,刘鸣. 循证医学的概念和起源[J]. 华西医学,1998,13(3):265.

[7] 吴库生,李克. PBL教学法中的循证思维及医学生素质教育[J]. 医学与社会,2006,19(6):51-52.

[8] 秦晓. 从马歇尔到科斯——企业理论评述[A]//秦晓. 规模、质量、效益均衡发展——企业基业常青之路(上册)[M]. 北京:社会科学文献出版社,2010:63-114.

[9] 曹素璋. 循证管理——西方管理科学化新思潮[J]. 外国经济与管理,2008,30(11):11-17.

[10] 麦克·巴斯廷. 中国商学院少什么[OL]. http://www.ftchinese.com/story/001041010,2011-10-10.

[11] 王建铆,刘胜军,舒金斯. 中欧案例经典——体验EMBA精英的头脑风暴[M]. 北京:中信出版社,2006:1-8.

我国旅游职业教育实践教学环节发展策略浅析
——基于对 CBE 模式、"双元制"模式与 TAFE 模式的分析

邹统钎　任亚青　金　川

【摘　要】　面对我国旅游业的迅猛发展,社会对旅游专业人才的需要量变得十分庞大,尤其是具备过硬操作技术和技艺的一线管理和服务人才十分紧俏。然而,我国目前的旅游职业教育与社会需求存在较多不适应之处,存在严重的"供需错位",突出表现就是学生的实践能力达不到工作的实际要求。基于以上情况,本文以旅游职业教育中的实践教学环节为研究对象,在分析 CBE 模式、"双元制"模式与 TAFE 模式等国外职业人才培养模式中实践教学特色的基础上,对我国的旅游职业教育实践教学环节提出相应的建议。

【关键词】　职业教育人才培养模式;旅游职业教育;实践教学

根据世界旅游组织的预测,到 2020 年中国将成为世界第一大旅游目的地,并成为世界主要旅游客源国之一。随着我国旅游业如此迅猛的发展,社会对旅游专业人才的需要量变得十分庞大,尤其是具备过硬操作技术和技艺的一线管理和服务人才十分紧俏。旅游职业教育所培养的应用型人才十分符合旅游业发展的实际需要。这种应用型人才的培养目标决定了实践教学的重要地位和作用,决定了实践教学是实现职业教学目的的重要途径和手段。因此,在旅游职业教育中突出实践教学,是实现旅游人才培养目标的关键。

一、我国旅游职业教育实践教学的现状

目前,我国的旅游职业教育无论是在教学质量、培养目标,还是在市场定位和发展战略等诸多方面,都与新形势下国内旅游业对人才的要求存在许多不相适应之处,有着不少问题。其中,最为突出的问题莫过于实践类教学环节的薄弱。在我国,有相当一部分开设旅游专业的职业院校几乎没有实训基地,或仅仅将毕业实习作为实践课,没有把实践教学有机地贯穿于旅游专业课程的教学之中,使旅游专业的学生难以掌握实操技能,这严重影响了旅游职业教育的教学质量。尽管有一些院校正在努力实施职业教育改革,在一定程度上加强了对学生专业技能的培养,但是效果不佳,学生实践能力依然达不到未来工作的实际要求,不能较快地服务于旅游企业第一线。现状表明,传统的以课程教学组织知识体系、以课堂教学传授知识的"重理论、轻实践"的模式不能达到旅游职业教育发展的要求和目的,我国的旅游

职业教育实践类教学环节有待完善。

二、国外职业教育人才培养模式中的实践教学特色

1. 加拿大的 CBE 模式

CBE 模式是一种流行于加拿大、美国等北美国家的职业教育模式。CBE 是英文 Competency Based Education 的缩写，可以译为"以能力培养为中心的教学体系"或者"能力本位教育"。该模式的最大特点是，整个教学目标的基点是如何使受教育者具备从事某种职业所必需的能力。因此，CBE 模式具有突出的实践性。

加拿大 CBE 模式的实践教学特色，通常被概括为"能力中心的课程开发型"。因为该模式是以职业分析确定的综合能力作为教学的基础并安排教学计划。它突破了传统的以学术知识体系为基础进行教学安排的做法，突出强调了岗位群所需职业能力的培养，从而保证了职业能力培养目标的实现。其具体做法为：首先学校会聘请行业中的专家组成专业委员会，按照岗位群的需要，层层分解，确定从事这一职业所应具备的能力，明确培养目标。然后，学校会组织相关教学人员，按照教学规律，将相同、相近的各项能力进行总结、归纳，构成教学模块，制定教学大纲，依此施教。如此，在进行了职业能力分析的基础之上，教学不但可以实现课程内容由岗位的知识和能力来确定，又可按能力的难易顺序来排序安排教学计划，很大程度上保证了职业能力培养目标的实现。

2. 德国"双元制"模式

"双元制"被人们称为德国职业教育的秘密武器。"一元"指职业学校，主要负责教授理论知识；另"一元"是指企业，主要负责实践培训。"双元制"的核心是政府主导下的校企合作办学，实质则是学校和企业合作，突出企业培训；理论与实践接轨，突出技能培训。德国职业学校的学生在学校接受理论教育的时间约占整个学业时间的30%，而在企业接受培训的时间占到了学业时间的70%左右。其对实践的重视程度不言而喻。具体来说，德国的"双元制"模式实践教学的突出特点体现在以下几个方面。

（1）以企业为主导，强调实践培训。如前所述，职业学校的学生有70%的学业时间是在企业度过的。在这70%的时间里，德国的企业不仅为学生提供实习场所，还承担了部分理论教学任务，以更好地使理论与实践相联系。与此同时，企业更是为学生提供培训师来专门指导学生的培训。该培训师只有通过严格的国家统一的考试才能取得相应的培训资格。正是企业的这种深度参与，为实践教学提供了优良温床。

（2）政府对实践环节的大力支持是关键。德国政府坚持依法治教，其通过严密的法律来保障职业教育实践教学的有序开展。比如，在德国，法律明确规定企业的员工数如果达到20人，企业就必须承担职业教育的责任，必须拿出一部分资源，如车间和培训师，为学生提供培训岗位。这并不意味着企业是在为自己培养人才，但在德国这是企业必须承担的义务。与此同时，为了提高中小企业参与合作办学的积极性，德国政府也明确规定，中小企业承担培训任务，不仅可以得到国家补贴，还可以在税收上享受多种优惠。

（3）师资队伍具备"双师"结构，保障实践教学效果。"双元制"职业教育具备两类教师，培训师与理论教师。培训师原本就是来自一线的骨干，实践能力毋庸置疑。与此同时，职业学校的理论教师也绝非不具备实践经验的教书匠。他们一般都是具有丰富的教学经验和实践经验的专家，完全满足"双师"要求。比如，职业教育教师除了要具有学历，还需通过一次

国家考试取得见习教师资格。在此基础之上,他们还要经过两年以上的工厂实践,再参加并通过第二次国家考试,才可获得职业学校教师资格。德国对教师要求之严格,可见一斑。

3. 澳大利亚的 TAFE 模式

TAFE(Technical and Further Education)即技术与继续教育,是澳大利亚职业教育体系中的重要支柱,被公认为世界上最为先进、最具代表性的职业教育成功模式之一。因澳大利亚职业教育环境与我国的更为接近,许多学者指出澳大利亚的 TAFE 的人才培养模式非常值得我国职业学院借鉴。该模式的实践特色具体表现在以下几个方面。

(1) 教学与技能考核均以能力本位理念为基础。在 TAFE 学院中,课程设置、教学过程与最终考评整个过程都是以培养实际工作能力为核心。首先,学校要以行业组织制定的职业能力标准和国家统一的证书制度为基础,组织行业、企业、教育部门的专家学者到学校来,论证学校每门课的课程设置,包括学完后学生应当具备什么样的实践操作能力都要确定下来。在接下来的教学过程中,更是要将理论教学与实践教学融为一体,很多课程是边讲边操作,锻炼学生的动手能力。在考试方式上,澳大利亚高等职业教育有统一的注册考核技能鉴定办法,所有的课程和技能都要经过国家技能鉴定和考核。每一种技能测试后,都要发给学生相应的证书,而这证书正是就业的必备条件。澳大利亚理论考试与技能考核比例是5:5,即理论考试成绩和技能考核各占50%,美国是3:7,德国是4:6。相比之下,澳大利亚既注重理论考试也强调技能考核。

(2) 行业、企业与政府共同保障学校学生的实践环节。为了培养实用型人才,澳大利亚的旅游教育非常重视实践环节,行业、企业与政府共同为其保驾护航。各行业通过帮助学校建设实训基地、接待学生实习等方式参与学校的实践教学工作。此外,企业还支持学校建立起全国范围的模拟实训公司网络。目前,澳大利亚国内已建有近100家由各行业资助的模拟实训公司,并与国际上3000多个著名的跨国模拟实训公司联网。而澳大利亚政府对旅游教育的实践环节的保障也是一个成功的典范,既在立法上注重对职业教育实践教学的保证,又在政策上予以支持。例如,接受实习生的企业,政府除了政策上予以保障外,还给以经费资助,给实习企业每个实习生800多美元的津贴。

(3) 严格的职业性师资队伍建设。只有具备相关职业能力的教师才能培养出具备相关职业能力的学生,因此,TAFE 学院不仅重视学生的实践能力的培养,对教师的职业能力也有着非常严格的要求。首先,TAFE 学院不会直接招聘应届生,想成为 TAFE 学院的教师,除了具备本科以上学历,进行过师资培训之外,还必须有3~5年在相关企业工作的经历,必须具备岗位的职业技能。其次,进入 TAEF 学院后,要求每个教职工每年有1个月的时间在企业见习。再次,教师一般采用合同制的形式,定期进行考核。最后,学院会到各行业的岗位上聘请一些兼职教师到学校来教授一些专业性和技能性较强的学科,以确保学校所授课程能与技术的发展相吻合。全职教师和兼职教师的比率一般在1:1。

三、对我国旅游职业教育实践性教学环节的启示

国外这几种典型的职业教育人才培养模式虽并不完全适合中国的国情,但这些职业教育人才培养模式中的实践教学特点,对我国旅游职业教育实践教学的开展有很大的借鉴意义。

1. 课程设置突出实践技能

课程设置是教育理念的体现,是教学活动的依据,也是旅游职业教育进行实践改革的关

键和突破口。因此,旅游职业教育的课程设置必须明确体现实践性。如前所述,加拿大 CBE 模式是"能力中心的课程开发型";澳大利亚 TAFE 模式课程安排也是以职业能力为基础,由行业、企业和专家学者共同确定的,并且在教学过程中将实践与教学融为一体;德国"双元制"模式更是将大部分课程直接搬到了企业。这三种模式的课程设置中均体现出对实践技能的重视。我们在旅游职业教育课程改革中,应当充分借鉴这三种模式的优点,从以下几个方面努力:①学校可聘请具有实践经验的专家和行业内人士,基于旅游专业的特点,对饭店、旅行社、旅游景点职业岗位进行分析,以其所需能力,构建能力本位模块课程。②理论课和实践课都以"边讲边做"的形式开展。讲授课是"讲"为主,"做"是为了让学生理解记忆"讲";实践活动课以"做"为主,"讲"是为了纠正学生"做"中的错误。努力使理论与实践融为一体。③理论课、实践课与实习相结合,构建逐步加强与巩固学生实践能力的课程体系结构。

2. 师资建设注重实践经验

通过对以上三种模式的研究,不难发现,其中最大的一个特点就是对教师实践教学能力的重视。由于旅游职业教育的特点,要改变学生缺乏实践能力的现状,克服教师缺少实践经验的问题是当务之急。①可采取"送出去、请进来"的方法。即将学校的旅游专业的老师送到旅游企业中去,每年有一定的时间在外实习,增加其实践经验;将企业中有丰富经验的从业人员经过教育方法的培训,充实到教师队伍中来。②从源头上进行控制。即提高旅游职业教师的准入门槛。比如,可效仿德国、澳大利亚的做法,以上国家作出明确规定,职业教师必须具备 3 年以上实践经验才具备从业资格。

3. 政府、行业、企业与学校四方合作,搞好实训基地建设

旅游管理专业实践性极强的特点使得搞好实训基地的建设变得尤为重要。通常,实训基地可大致分为以下两类:

(1)校内实训基地。如模拟导游实训室、客房模拟实训室等。通过先进的设备与手段创造氛围,应用案例教学,让学生进行仿真训练,及时把所学的理论知识运用于实践。搞好校内实训基地,首先,要保证教师的实践能力。比如,可与企业合作,聘请企业中的实践家来上实践课。其次,要建立稳定合理的经费投入机制,保证实训基地配备与当前旅游行业发展相匹配的设施设备种类,抛弃原来的由一间教室、几张床、几张餐桌就构成的旅游专业实训室。最后,政府应大力支持旅游管理专业校内生产性实训基地的建设工作,满足同学们到"校内实习酒店"、"校内实习旅行社"这样的校内生产性实训基地锻炼的需要。

(2)校外实训基地。承担学生的岗位实训与毕业实习环节。长期的校企合作是培养学生实践能力的最佳途径。建立长期、稳定与良好的实习就业基地,需要政府、行业、企业和学校的共同努力。比如,政府可对企业接收实习生,进行法律上的明确规定与政策上的大力鼓励。尤其是我国企业接收实习生动力不大,政府出面协调引导非常重要;行业可以积极为校企合作提供策划、牵线、指导、职业资格标准制定等服务;企业可为在本企业实习的学生提供专门的培训师帮助学生;学校可根据企业的特点,灵活安排实习与上课时间。

4. 完善考核制度,突出技能测试

国外职业教育高质量的培训,是以客观、公正、规范的考试考核体系为保障的。引入职业资格考试制度,是统一规范的好办法。它将技能课程与人力资源部门的职业资格证书考试接轨,实施教考分离,这样既保证技能课程的教学质量,也为职业资格证书准入制度的实

施打下基础。目前,我国旅游行业虽然已经出现了部分职业资格考试,比如导游证、职业经理人从业资格证书等,但某些资格证书认可度太低。这是因为,与国外客观、公正、规范、严格的考试相比,不仅我们的考核内容与方式需要改善,我们的监管力度也急需加强。引入职业资格考试制度的前提是,要有严格规范的考试体系。

(作者单位:北京第二外国语学院 旅游管理学院 北京 100024)

参考文献

[1] 陈妤.2020年中国将成为世界第一大旅游目的地国家[N].人民政协报,2006 - 05 - 30 (C04).

[2] 温俊文,洪彤彤.借鉴CBE模式注重能力的培养[J].工程图学学报,2002(3):207 - 210.

[3] 牟芸芸.从高等职业教育的培养目标看CBE模式下的实践教学[A]//云南省高职高专教育分会第七次全体理事会暨2011年学术年会论文集,2011.

[4] 王珏.旅游专业实训基地的构建——借鉴德国"双元制"职业教育经验[J].海南广播电视大学学报,2010(1):104 - 108.

[5] 王家爱.德国"双元制"职业教育的特点及其借鉴意义[J].潍坊高等职业教育,2010,6 (4).

[6] 张百菊.澳大利亚TAFE模式在我国高职旅游教育中的应用研究[D].沈阳:辽宁师范大学,2010:1 - 35.

[7] 王诗文.澳大利亚高等职业教育培养模式的学习与借鉴[J].职业与教育,2009(9).

[8] 戴张,迎建.高等职业教育实训课程的国际比较[J].职业技术教育,2006,27(29):112 - 115.

[9] 闫荣明.高等职业教育旅游管理专业人才培养模式研究——基于五所院校的调查研究[D].长春:吉林农业大学,2011:1 - 47.

[10] 全继刚.澳大利亚职业教育对我国高职旅游专业人才培养的启示[J].长春理工大学学报,2010,23(3):163 - 165.

[11] 潘琳琳.CBE模式下旅游高职教育实践类教学改革研究[D].沈阳:辽宁师范大学,2008:1 - 44.

后 记

　　本论文集得到"旅游管理国家级特色专业"的项目资助。旅游管理专业是北京第二外国语学院的特色专业,先后获得北京市级、国家级特色专业,并通过了世界组织教育质量认证(UNWTO-TedQual)。"旅游景区经营与管理"获批国家级精品课程。《旅游景区开发与管理》、《旅游经济学》等书列入国家"十二五"规划教材。"国际化与社会多元协同旅游人才培养模式"获得北京市优秀教学成果二等奖。旅游管理学院创立了几乎全部的北京市级高等学校本科教学质量与教学改革工程项目:北京市级特色专业、北京市级品牌专业、北京市级教学名师、北京市级优秀教学团队、北京市级精品课程、北京市级精品教材、北京市级校外人才培养基地等。

　　在旅游管理特色专业建设中,得到了冯培书记、周烈校长、邱鸣副校长、江新兴处长、杜启新处长等人的关心和支持。论文集由邹统钎组织编写并拟定了编写大纲,徐慧君负责论文集的统稿工作。论文集的出版得到旅游教育出版社的大力支持。在此一并表示衷心感谢。

邹统钎
2012 年 10 月 25 日星期四